텍사스의 하늘 아래 30년을 살면서 묵상한
한 이민자의 삶의 지혜

별에게 묻는다

조의석 지음

쿰란출판사

추천사

누가 이처럼 성령에 사로잡혀 세상을 아름답게 보겠는가! 선한 자나 악한 자가 섞여 세상의 빛깔을 흐려 놓은 이 시대에 맑은 눈빛, 감히 범접할 수 없는 삶의 아름다움을 담은 이 글을 읽으면 독자들은 십자가의 보혈로 씻어 깨끗함을 얻은 심령같이 세상 보는 눈이 열릴 것입니다.

제가 8년 전에 조의석 목사님을 처음 만난 것은 뉴욕과 알칸사 리틀락 휴스턴 지역에 부흥집회에서 조 목사님이 사역하시는 교회에서 말씀을 전하는 시간이었습니다. 하지만 한국에 나오시면 함께 고향 방문과 국내 여행을 함께하며 교제하는, 바라보는 목적지가 같은 매우 오랜 친구처럼 신실한 만남의 관계였습니다.

이런 만남의 역사를 아름답게 승화시키며 인생 여정에서 힘들어 낙심하는 사람들에게 이 책으로 시작하여 주님의 사랑의 기적을 창출할 것입니다. 우리는 이 책을 통하여 오랜 이민 생활에서 닦여지고 걸러진 목사님의 모습에서 somebody에서 nobody로 그리고 anybody로 사용하신 모세의 모습을 연상하게 됩니다. 연분홍의 복숭아꽃 만발하는 과수원집 아들로 자랐으나 광야 같은 타지에서 구비되고 마침

내 이민자들의 영적 지도자로, 달란트로 받은 태권도 선교사로 모두를 위한 사람이 되었으니 이보다 더 온유한 하나님의 사람이 어디 있겠습니까!

이제 세상의 은퇴를 바라보며 새롭게 쓰임 받을 하나님의 사역을 그리는, 캄캄한 어둠 속에 안대를 쓰고 들려오는 소리에 감동의 역사를 그렸듯이 작은 불빛 곧 예수 그리스도의 탄생을 세상에 보여주었던 그 별빛, 세상으로부터 밀려 약속의 땅으로 향하는 그의 삶속에 소망의 빛으로 다가오는 따스한 빛, 그 빛으로 기뻐하며 춤출 수 있는 하프타임의 소망이 아름답게 이루어지기를 기도합니다.

저도 어르신들을 섬기는 삶에서 천국을 맛보았듯이 인생 여정을 소망의 별빛에게 묻고 오직 하나님에게서만 힘을 얻어 그리스도의 향기가 되고자 하는 모든 독자들에게 꼭 한 번 일독을 권합니다.

2020년 4월 15일
이용균 목사
(한미전문사역자 학술원장, 전원교회 담임목사)

추천사

　우리 인간들은 삶을 살면서 많은 어려움과 고민에 빠지기도 한다. 그럴 때마다 하느님에게 간절한 기도를 올려서 마음의 안정을 구하기도 하고 갈 길을 묻곤 한다. 또한 우리는 많은 양서를 통하여 삶의 지혜와 해답을 찾기도 한다.
　조의석 목사님이 쓰신 이번 저서 《별에게 묻는다》는 다양한 분야에서 활동하였던 명사들의 소소한 삶의 지혜와 생각, 살아가시면서 하게 된 묵상, 각지를 여행하면서 얻은 경험과 그에 따른 행복 등을 맑고 투명한 문체로 적어 내려가 삶에 지친 우리의 마음에 단비처럼 심신에 안정을 가져다 주고, 삶의 지혜가 되어 줄 것이다.
　그리고 어두운 밤길을 걸을 때처럼 두려움과 답답함에 암울해진 우리의 삶에 한 줄기 빛이 되어 내일을 살아가는 힘이 되는 책이 되기에 충분하여 기쁘게 추천하고 싶다.

2021년 4월 15일
조현동 교수
(조형예술학 박사, 국립군산대학교 외래교수)

　베트남 하노이에서 가족과 떨어져 70의 나이를 잊고 신사업을 추진하고 있는 처남인 저에게 조 목사께서 수필집 발간에 부치는 추천사를 부탁해 왔습니다.
　출간을 축하해 줄 존경하는 지인들도 많겠지만 미국, 한국, 베트남 등 이미 글로벌 가족으로 사는 몇 안 되는 식구 중에서 그런대로 생각을 공유할 수 있는 사람이 처남이 아니겠는가 해서 정하신 것 같아 기쁘기도 하고 누가 될까 봐 송구스럽기도 합니다.

　조 목사님의 부인, 제 누님은 어린 시절 한국에서 아버님의 사업 실패로 기울어진 가세 속에서 다섯 남매를 보살피는 희생을 하였고 용케 하느님이 맺어준 인연으로 조 목사님과 만나 전 가족이 미국으로 이민 와 개척교회를 일으키며 한편으로 태권도장 등을 하며 성심을 다해 내조하고 자녀교육을 해왔습니다.
　초기 이민 정착의 역경 속에서도 초심을 지키며, 열심으로 복음을 통해 사랑을 나누며 마음의 꽃을 피운 결과 하나님이 화답하셨는지 이제는 평화롭고 행복한 생활을 가족 모두가 보내고 있어 감사할 따름입니다.

추천사

조의석 목사님은 평소 시와 수필을 쓰고 책으로 출간하여 늘 감탄해 왔는데 아마도 이는 어린 시절 아름다운 고향 산천과 아버지의 사랑이 늘 시심을 만들어 주고 청년 시절 겪었던 고난과 인내가 미국에서 강인한 개척을 이끌었고 목회를 통해 하나님의 사랑을 실천해 온 힘에서 우러나온 것이 아닌가 생각합니다.

우리 모두가 바라보는 똑같은 하늘에서 조 목사님이 찾은 별의 길은 무엇일까? 그것은 우리 모두가 찾아야 할 행복에 대한 길이요 비우고 나누어야 하는 생명의 길이 아닌가 이 수필집에서 대답을 얻게 됩니다.

"연못가의 봄풀은 아직도 꿈속인데
계단 앞 오동나무 잎에는 가을 바람 부네."

송나라 대학자 주희의 시문에서 무상한 세월을 느낍니다.
거친 파도를 헤치며 사투해서 잡은 커다란 고기를 **뼈**만 앙상한 채 포구로 들어오는 노인으로부터 인생의 허망함을 느낍니다.

인생 3막을 걷는 우리네 인생도 주어진 삶의 몫과 사명을 완수하고 별 뒤에 감춰져 보이지 않는 희망을 찾아 이제는 속내에 숨겨진 또 다른 자기를 찾아 나름의 꽃을 피워내라고 권면하고 있습니다..

수필집《별에게 묻는다》를 출간하신 조 목사님, 온 가족의 이름으로 경축합니다.

2021년 5월 1일
베트남 하노이에서 김정인 대표
(전 GM 대우 베트남 대표,
현 민주평화통일 자문회의 상임위원, Sein I&D Vietnam 대표)

서문

우리 집은 휴스턴 외곽 우드랜드에 있어서 한밤에 몇 걸음만 뒷마당으로 걸어 나가면 별이 잘 보인다. 잠들기 전 밤 11시 혹은 새벽에 일찍 잠이 깨면 새벽 4시쯤에 나는 별을 보며 내 삶에 대해 묻곤 했다.

삶의 길이 답답할 때나, 내가 왜 그랬을까 후회가 되는 때도 잠잠히 별을 올려다보고 있으면 '괜찮아'라고 말해 주는 듯 위로가 되곤 했다.

기쁜 일이 있을 때는 유난히 별은 더 빛나고 나를 향해 환히 웃어 주는 것 같았다. 때때로 나는 언젠가 내 영혼이 몸을 떠나 자유롭게 되었을 때 가게 될 별 나라를 꿈꾸고는 했다.

가난한 어린 시절에 세상을 향하여 무엇이 되고자 가졌던 꿈
청년의 때에 하나님의 부르심을 받아 가슴에 품었던 비전
중년이 되어 미국에 와서 더 넓은 세상을 보고 들으며 걸어온 날들…
별은 내가 어디를 가든 나를 지켜보고 있었다.

동방박사들은 별을 관찰하다가 별의 움직임을 따라 베들레헴까지

와서 진리의 별이신 아기 예수를 만난다. 2019년 몬테나를 여행하다가 하늘이 너무 파래서 마치 까맣게 보이던 그 한밤중에 산 위에 사다리를 놓으면 손에 잡힐 것 같은 북두칠성을 만나면서 별의 생명 있음을 느꼈다.

인생 3막을 시작하며 하나님 나라로 마지막 여행을 떠나기 전까지 나의 삶이 어떠해야 하는지 별에게 길을 묻는다. 그것은 하나님께 대한 기도와 성령을 사모함이며, 아직 가보지 못한 새로운 세계를 향한 발걸음이며, 나를 비워 남을 채우는 작은 나눔이 될 것이다.

이 밤도 별이 참 아름답다.

윤동주 시인처럼 별을 향하여 내 삶이 부끄럽지 않기를 바란다.

2020년 3월 30일
조의석

목차

추천의 글_ 이용균(한미전문사역자 학술원장, 전원교회 담임목사)_ 2
　　　　　조현동(조형예술학 박사, 국립군산대학교 외래교수)_ 4
　　　　　김정인(민주평화통일 자문회의 상임위원, Sein I&D Vietnam 대표)_ 5
서문_ 8

1장_ 명언과 사람 사는 이야기

그런 것 없어요 _명동 명품 수선공 박병양	• 18
Never, never, never give up _윈스턴 처칠	• 21
매사에 적극, 범사에 감사 _오뚜기 함태호 회장	• 24
물 맞으러 가자! _최복례와 동네 아줌마들	• 27
스스로 끈을 놓아 버리면 아무도 그 끈을 다시 안 잡아 준다 _보아	• 30
피할 수 없으면 즐겨라 _로버트 엘리엇	• 32
항상 깨어 있고, 죽는 순간까지 사랑하며, 　절대 포기하지 않는다 _홍정욱	• 36
인생의 시간에 너무 늦은 때란 없습니다 _그랜드마 모지스	• 39
사랑만으로(With only love) _최고령 여의사 한원주	• 42
아무것도 아냐 _극작가 박해영	• 45
너의 삶을 살아라 _소아정신과 의사 김창기, 가수 양희은	• 48
예술은 불안한 사람을 편안하게, 　편안한 자들을 불안하게 해야 한다 _뱅크시	• 51
그럼, 저 사람들 노래지 _김민기	• 54
하늘엔 별이 있고 땅에는 꽃이 있다. 　사람에게는 사랑이 있어야 한다 _괴테	• 57

2장_ 아침 편지

Buenos Dias ● 62 / 새소리 ● 63 / 이른 아침 잠에서 깨어 ● 64
산티아고 순례길 ● 65 / 별 66 / 별 그리고… ● 68 / 반쪽 ● 70
아침 ● 72 / The Fences ● 73 / Donde Voy ● 75 /
한밤 어두움이 짙으면 ● 77 / 너무 먼 당신 ● 80 /
가까이 다가오는 별 ● 82 / 안 보이면 없는 것일까요? ● 84
가깝다고 좋은 것은 아니다 ● 86 / 나이 듦이 고맙다 ● 89
구름이 가려도 ● 93 / 하회탈 같은 저 달아! ● 97
그가 건강할 수밖에 없는 이유 ● 99 / 트림과 방귀 ● 101
토성을 도는 위성에 새 영체가 있다? ● 105
토머스 클레멘트 _ You are the best Choice ● 108 / 외로움에 대하여 ● 112
가리운 것 없이 ● 115 / 놀기가 더 힘들다는 어느 나이 든 청년의 고백 ● 117
시 한 방울 ● 120 / 푸르던 감이 오렌지 색을 띨 때즈음 ● 121
가부라키 _ 보람 있는 삶의 여행 ● 123 / 낭만에 대하여 ● 126
파아란 하늘에 자리한 그대는 ● 128 / 나는 더 미국인이어야 하는가 ● 131
10월의 어느 멋진 날에 ● 135 / 그래, 가을이다 ● 140 /
이 가을엔 두 통의 편지를 쓰겠어요 ● 142 / 어느 멋진 결혼식 ● 145
작은 것에도… ● 148

3장_ 여행 - 길에서 배운다

콜로라도를 다녀와서	• 154
라익라익 리키리키	• 157
길을 따라 걷는다	• 160
세인트 피터즈버그에서 생긴 일	• 163
여행 이야기	• 165
영적인 별	• 168
열리는 나라 쿠바, 기회가 다가온다	• 171
항구가 내려다보이는 언덕뉴질랜드_데본포트에서	• 176
섬이 좋더라, 와이헤케 아일랜드	• 179
신나는 혹은 평화로운(Exciting or Peaceful)	• 182
젊은이들의 버킷리스트 퀸스타운	• 185
멜버른의 치명적인 매력	• 188
시드니, 사랑에 빠질 것 같은 예감	• 191
다시 오고 싶은 시드니	• 194
여름 몬태나 여행	• 196
포틀랜드, 기분 좋은 여행	• 199
브라보 브라질	• 202
선인장 꽃	• 205
내리 축복	• 207

4장_ 별 - 그대에게 삶을 묻다

눈을 가리니 더 잘 들리더라 _어둠 속의 오페라 • 212

루브르 군밤의 추억 • 215

복숭아꽃이 피었습니다 • 217

하겐다즈와 잣, 그리고 여행 • 221

송창식의 사랑 이야기 • 224

기막힌 타이밍 • 227

세 친구 • 229

아버지 • 231

안드레아 보첼리 • 234

약해지지 마 • 237

영원한 것을 사모하라 • 240

영적인 사람의 일곱 가지 습관 • 242

올레길 • 245

전원 타입, 도시 타입? • 247

정말 값진 것들은 거저 주어진다 • 250

진실은 낮은 곳에 있다 • 252

천국 연습 • 255

커피 세례, 그 향기 • 258

꿈꾸는 사람들 • 261

달빛이 마음대로 침실을 드나들 수 있는 집	• 264
남이섬에서 만난 사람들	• 267
브아 비아 눔바	• 270
낭만에 대하여	• 273
낭만에서 생명으로	• 276
듣는 귀	• 279
그대를 생각만 해도	• 282
Pick Own	• 285
가을을 노래함	• 287
내 마음에 비추는 별 하나	• 290

5장_ 살맛 나는 세상입니다

레나테 홍의 사랑 이야기	• 294
눈(Eye)	• 297
랩 하는 총장	• 300

가지 않은 다른 길	• 303
=당신은 어디에 있었나요?	• 306
당신이 이루시고, 나는 거들고 즐길 뿐	• 309
긍휼의 사람	• 311
김동호, 영화계의 숨은 별	• 313
새순이 돋는 봄입니다	• 315
새 아침을 노래함	• 318
세상 모두 사랑 없어	• 321
좋은 사람	• 324
내겐 꿈이 있어요	• 327
소명 1, 2, 3	• 330
엄마를 부탁해	• 333
여유와 낭만	• 335
자동차, 비행기, 그리고 컴퓨터	• 337
나눔의 미학	• 340
게으름과 부지런함	• 342

1장
명언과 사람 사는 이야기

> 팬데믹이라는 세계적인 유행은 생각보다 오래 간다.
> 이때도 내가 할 수 있는 일을 하며
> 즐기는 것이 현명한 삶이다.
> 나는 낮에는 일하지만 저녁에는 시간이 더 많아져서
> 보고 싶은 영화를 찾아서 보고,
> 서서 손으로 치는 북을 하나 새로 샀다.
> 노래를 따라 부르며 북을 치면
> 기분이 상쾌해지고 유산소 운동도 된다.
> 혼자 하는 운동인 자전거도 가끔 탄다.
> '그래, 피할 수 없다면 즐긴다'는 생각으로
> 이 어려움의 때를 이겨 내자.

그런 것 없어요
_ 명동 명품 수선공 박병양

박병양 씨는 전남 장성의 평범한 농가에서 태어나 중학교도 못 가고, 어려서부터 공장이나 배달 등 직업 전선에 나서야 했다. 30대에 어머니가 논을 팔아 보태 준 돈으로 서울로 올라와 각종 배달로 돈을 모아 50대 초반에 매물로 나온 명동 명품 수선가게를 인수해서 30년을 넘게 운영해 오고 있다. 루이비통이나 샤넬 등 많은 명품들을 수선하여 돈을 모았지만 정작 자신은 명품 한 번 사본 적 없는 검소한 삶을 살았다.

나이 80이 넘은 지난 4월, 그는 큰 결심을 했다. 어릴 때 너무 가난해서 그가 학생으로서는 가지 못하고 가끔 놀러 갔던 전남대에 12억을 기부하기로 한 것이다. 현금으로 6억, 그리고 사후에 살고 있는 집 6억을 기부하기로 했다. 삼남매를 키웠는데 자식들이 기대만큼 잘 풀리지 않았다. 성공하지 못한 자식들에게 유산을 남겨주고 싶은 것이 부모 마음일 텐데, 그는 그렇게 돈이 없어지는 것보다 가난하지만 공부 잘하는 학생들에게 주어 더 값지게 쓰고 싶었다는 것이다. 기자가 물었다.

"돈을 받는 학생들에게, 또 대학 측에 어떤 말을 하고 싶습니까?"

"뭐 그런 것 없어요. 구태여 바람이라면 그들이 공부 잘해서 부모를 기쁘게 하고 사회에 보탬이 되면 좋겠지요."

도움을 받는 이들에게 특별히 남기고 싶은 말이 없다는 "그런 것 없어요"(Nothing to say) 하는 그분의 말이 내 마음에 맴돌았다. 명언이라고 하기에는 너무 단순한, 너무 꾸밈없는 그 말이 왜 내게 잔잔한 감동을 주었을까.

사람들은 남이 알아주기를 바란다. 존칭만 붙이지 않아도 심술이 나고, 자기의 선행에 대하여 이름이 빠져 있기라도 하면 반드시 사과를 받아내야 한다. 그런데 박병양 씨는 기부를 결심했을 때 아내하고만 상의하고 자식들에게는 알리지 않았다고 한다. 자녀들은 신문 보도를 보고서야 알았다. 혹시 있을지 모르는 반대와 흔들릴 수 있는 마음을 미리 차단한 것이리라.

사회에서나 교회에서 내가 인정을 받아야 한다고 생각하면 초라해진다. 성경에 나오는 사마리아인처럼 내가 할 수 있는 작은 선행을 묵묵히 하면 세상보다 더 귀한 하나님 나라에 기록될 것이다.

그는 명품을 수선하는 일을 30년 동안 하며 짝퉁을 진짜로 알고 들고 오는 사람을 몇 사람 만났다고 한다. 그러나 그것이

짝퉁이라고 말하지 않았다. 남편이 외국 출장을 다녀오며 명품이라고 사왔는데, 그렇게 믿고 수선을 맡기러 온 부인에게 구태여 "이것은 가짜입니다"라고 말해서 그 집에 사달을 낼 필요가 없었기 때문이다. 그 대신 수리비도 명품 수리비처럼 똑같이 비싸게 받았다고 한다. 하하…. 그렇다. 때로 출생이 가난하고 불우한 환경에 있을지라도 자신을 명품이라고 생각하고 열심히 자신을 사랑하고 도전하면 명품 인생이 되는 것이다.

중학교도 못 나온 명품 수선공으로서 남의 사치품을 수리해 주고 돈을 버는 인생을 살았지만, 번 돈을 자기와 자식들만을 위해 쓰지 않고 멋지게 기부하는 그의 삶이 나는 명품이라고 생각한다. 많이 배우지 못해서 특별히 전할 말이 없는 "그런 것 없어요" 하는 한마디도 귀담아들으면 진솔한 진리로 들린다.

인생은 누구나 값지다. 시골 농부이든, 도시의 어느 재래시장 국밥집 사장이든, 그의 삶 속에는 배우고 싶은 교훈이 있고 한마디 명언이 있다. 잘 드러나지 않았을 뿐이다.

Never, never, never give up
_ 윈스턴 처칠

얼굴은 불독처럼 생기고 항상 시가를 물고 살았던 정치인이요 문학가요, 항상 유머와 위트를 즐겨 사용했던 낭만과 여유의 사람, 선거에 져서 실업자가 되고 자신의 꿈을 펼치기에는 현실이 너무 멀었지만 끝까지 포기를 몰랐던 남자, 정치인으로서가 아니라 문학가로서 노벨상을 받은 소설가, 윈스턴 처칠을 알면 알수록 멋쟁이라는 생각이 든다.

한평생을 그렇게 멋지게 살다 간 사람이 과연 몇 명이나 될까?

그가 2차 대전의 영웅이어서가 아니다. 영국의 수상을 두 번이나 지낸 출중한 정치인이기 때문만도 아니다. 그에게는 인간미가 있고 남을 배려하는 신사도가 있었다. 좋은 가정에서 태어났지만 가정에 무관심한 아버지 때문인지 그는 평생 우울증이 있었는데, 그 어려움을 그림과 글을 통해 슬기롭게 이겨 낸 극복의 드라마가 있어서 더 멋지다.

적이 있는 것 같으나 적이 없는 사람, 대립하는 것 같으나 한마디

유머로 상대방을 무너뜨리는 사람, 조급해하지 않고 끝끝내 목표를 이루어 내고야 마는 사람, 나는 그런 그의 삶의 모습이 너무 부럽다. 그가 우리에게 주는 15가지 명언이 있는데, 그중에서 꼭 새겨들었으면 하는 몇 가지만 소개한다.

첫째, 무엇이 중요한가?
돈을 잃는 것은 적게 잃는 것이다. 명예를 잃는 것은 크게 잃는 것이다.
그러나 용기를 잃는 것은 전부를 잃는 것이다.
둘째, 도전
결코 양보하지 말아야 한다. 결코 굴하지 말아야 한다.
결코 결코 결코(never)! 위대한 것이든, 사소한 것이든, 커다란 것이든,
시시한 것이든
결코 포기하지 말아야 한다.
셋째, 매너
모든 사람에게 예의 바르고, 많은 사람에게 붙임성 있게 지내고,
몇 사람과는 친밀하게 지내고, 한 사람에게는 벗이 되어야 하고,
아무에게도 적이 되지 말아야 한다.
넷째, 시야
일이나 사물을 볼 때 너무 끝의 끝까지 보려는 것은 잘못이다.
운명의 사슬의 고리는 한 번에 하나씩밖에 볼 수 없다.
다섯째, 고난과 위험
위험이 다가왔을 때 도망치려고 하지 마라. 그렇게 하면 오히려 위험이 배가 된다.
결연하게 위험에 맞서라. 그러면 위험은 반으로 줄어든다.

무슨 일을 만나든지 결코 도망쳐서는 안 된다.

그가 수상의 자리에서 내려온 뒤 옥스포드 대학 졸업식에서 한 짧은 연설은 유명하다. 많은 청중의 박수를 받으며 천천히 연단에 올라 모자와 시가를 내려놓은 후 "Young men, never, never, never give up"(어떤 환경에서도 포기하거나 굴복하지 마라)라고 했다. 30분으로 예정된 축사를 이 한마디만 강조하고 끝냈다. 전후 폐허가 된 영국 젊은이들에게 이 한마디는 큰 울림이 되어 어려운 환경에서도 도전하는 용기를 주었다.

어느 날 처칠의 비서가 일간신문을 들고 와 처칠 앞에서 그 신문사를 맹비난했다. 처칠을 시가를 문 불독으로 묘사한 만평을 실었기 때문이다. 처칠은 신문을 물끄러미 바라보더니 이렇게 말했다.
"기가 막히게 그렸군. 벽에 있는 내 초상화보다 훨씬 나를 닮았어. 당장 초상화를 떼어 버리고 이 그림을 오려 붙이도록 하게."
이런 여유와 너그러움을 가진 큰 그릇이었으니 영국인이 현재도 가장 자랑스러워하는 지도자일 것이다. 우리 현대사에도 긍정의 눈으로 보면 이렇게 많은 사람이 존경하고 사랑하는 지도자가 있지 않을까?

매사에 적극, 범사에 감사
_ 오뚜기 함태호 회장

원래 기업은 생산과 판매를 통해 이윤을 남겨야 하기 때문에 항상 좋은 말만 듣기는 어렵다. 이익이 남아야 기업이 성장하고 직원들에게 월급도 줄 수 있다. 이윤 추구라는 기업의 살 길을 뛰어넘어 사회적 기여를 말없이 실천하는 기업이 있다면 참으로 아름다운 기업이다.

4년 전에 세상을 떠난 오뚜기 창업주 함태호 회장, 그의 장례식에 특이한 손님들이 왔다. 형편이 넉넉하지 않아 보이는 중고등학교 학생들, 그리고 대학생들이다. 그들은 함 회장을 할아버지라 부르며 그의 영정 앞에 무릎을 꿇고 눈물을 쏟았다. 날 때부터 심장병을 앓아 생사의 기로를 헤매면서도, 집안 형편이 어려워 비싼 수술비를 감당할 수 없었던 아이들이 함 회장의 도움으로 수술을 받고 심장병을 고친 은혜를 잊지 못해 찾아온 것이다. 그렇게 도움을 입은 아이들이 4천여 명이다. 그리고 많은 가난한 대학생들이 장학금을 지원받았다.

오뚜기는 한국에서 기업 순위 50위권 밖에 있는 중견기업이지만, 사회적 기여를 많이 한 착한 기업으로 소문이 났다. 오뚜기 라면과 케

첩, 마요네즈를 생산하고, 최근에는 진라면이 히트해서 크게 성장하고 있는 기업이다. 함태호 회장이 직원들에게 강조한 말은 "매사에 적극, 범사에 감사"라는 말이다. 그것은 본인이 살아온 삶의 자세이기도 하다.

별로 자랑하거나 나서는 스타일이 아니어서 많은 일화가 남아 있지 않지만, 심장병 어린이를 도울 때, 장학금을 전달할 때, 그리고 시식을 담당하는 비정규직 사원들을 정규직으로 전환하는 자리에서, 그는 매사에 부지런하고 작은 일에도 감사하라고 가르쳤다. 게으른 사람은 하늘도 돕지 않는다. 감사를 모르고 불평하는 사람은 더 이상 나누고 싶지 않게 만든다.

그의 아들 함영준이 이제 같은 마음으로 회사를 운영하고, 손녀 함연지는 미국에서 유학을 했는데 뮤지컬 배우 일을 하며 소탈하게 유튜브 채널 '햄연지'를 하고 있다. 미국 유학 생활 중 친구들이 함을 햄이라고 발음하여 햄연지가 되었다고 한다. 재벌집 자녀 티를 내지 않는 그 손녀가 말한다. 할아버지가 하늘에서 보며 "우리 손녀 놀고 있네" 하실 거라고…. 할아버지의 정신을 닮아 검소하고 숨길 것이 없는 사람으로 젊은이들에게 사랑을 받고 있다.

　조급할 필요는 없지만 현재의 시간을 낭비하지 마라. 매사에 적극적이면 분명히 기회가 온다. 하늘은 부지런한 자를 외면하지 않는다. '코로나'라는 특유의 사태가 우리를 힘들게 하고 어떤 사람은 일자리를 잃어 슬퍼하지만, 그래도 매사에 자신이 할 수 있는 일을 찾고, 현재 내게 주어진 아주 작은 일에도 감사하자. 그러다 보면 어느샌가 희망과 성취의 햇빛이 내게 다가와 기쁨으로 피어나는 날이 올 것이라고 믿는다.

물 맞으러 가자!
_ 최복례와 동네 아줌마들

    금년 여름은 코로나 때문에 휴가다운 휴가를 못 가보고 지나간다. 해외는 꿈도 못 꾸고 그저 가까운 해변이나 산에 가서 2~3일 쉬다 오는 것이 올해를 사는 보통 휴가법이다.
    나는 문득 오늘 한국의 우리 어머니 세대들의 휴가를 기억했다.
    한국의 남도 어느 촌자락, 시골에서 농사를 짓느라 논으로 밭으로 해 뜰 녘부터 해 질 녘까지 일한 어머니들은 휴가를 가기가 쉽지 않았다. 그런데 팔다리가 너무 아프고 등 굽혀 밭을 매느라 허리가 아플 때면, 어쩌다 "우리 물 맞으러 갈까?" 하고 누군가가 제안을 한다. 그러면 동네 아줌마들 몇몇이 작당(?)을 해서 도시락을 싸들고 먼길을 걸어 물 맞으러 갔다.

    화순에서 약 30리 길을 걸어가면 이서면 적벽에 약 30미터 되는 폭포가 있었는데, 인근 마을 사람들이 그곳으로 모여들어서 여름이면 등에 물을 맞곤 했다. 그 당시에는 수영복이 없었으니 여인네들이 얇은 무명옷을 입고 세차게 떨어지는 폭포수 물을 맞았다. 그러면 등이나 허리가 시원하고 아픈 데가 다 나은 것 같은 느낌이 들었다. 여름에 한두 번 바쁜 날 틈을 내어 아줌마들끼리 어울려 먼길을 걸어 물을 맞고 오는 것이 그나마 그들의 피서 겸 치료법이었다.

조금 더 큰 맘을 먹을 때면 서너 시간 버스를 타고 보성 해수욕장이나 완도 명사십리 해수욕장까지 가서 그곳에서 모래에 파묻혀 모래찜을 했다. 뜨거운 모래에 구덩이를 파고 누우면 같이 간 다른 사람이 삽 같은 것으로 모래를 덮어서 얼굴만 내밀고 한참을 누워 있는 것이다. 농촌에서 일을 하다 보면 온몸 근육과 관절이 피곤하고 쑤시기 마련인데, 바닷물에 몸을 잠깐 담갔다가 뜨거운 모래에 오래 누워 있으면 스트레스도 풀리고 확실히 치료 효과가 있었다.

모두가 코로나로 힘든 가운데서도 나는 여름 2개월 동안 아침 7시부터 열심히 일해야 했다. 썸머 캠프에 오는 아이들을 가르치고 돌보는 일이다. 어떤 부모들은 보내기를 꺼리는데, 믿고 보내는 부모들이 고마워서 나는 더 열심히 가르치고 돌보았다. 이제 8월 둘째 주가 되어 학교가 시작하므로 썸머 캠프가 끝나서 나는 지친 몸을 잠시라도 쉬기 위해 갈베스턴 해변을 찾았다.

그리고 내가 한 것이 무엇일까? 나의 어머니 세대들이 하신 것처럼 페블비치 뜨거운 모래에 누워 찜질을 하였다. 8월 14일 기온이 화씨 94도(섭씨 34.5도)였는데 모래가 충분히 뜨거웠다. 목요일 오후, 그리고 다음날 금요일 오전 네 시간을 바닷물에는 잠시 있고, 뜨거운 태양이 달궈 놓은 모래 위에 누워 있었더니 지난 주부터 등에 생겼던 담이 나아진 느낌이다. 그러면서 나는 나의 어머니 최복례 씨와 아줌마들 생각을 했다.

"물 맞으러 가자!"

그렇게 어느 무더운 여름, 한 아주머니가 제안을 하면, 동네 아주머니들은 "그래!" 하고 화색이 돌았다. 남편들이 일손 바쁘다고 반대해도 "자기들은 맨날 술 쳐마시면서…" 하고는 이틀을 잡아 해수욕장에 가서 모래 찜질을 하고 왔다. 그리고 돌아와서는 1년 동안 모 심고 밭 가는 농촌의 힘든 일을 거뜬히 해냈다.

삶에 지쳐도 딴 길을 가지 않고 그저 지혜를 모아 "우리 물이나 맞으러 가세", "온몸 삭신이 쑤신데 여름이 끝나기 전에 우리 다음 달에는 모래찜 하러 가자" 했던 것이다. 이것이 1960~1970년대 한국 농촌 어머니들의 삶의 이야기이다. 휴가랄 것도 없이 이렇게 힘들게 일해서 교육시킨 아들딸들이 발전되고 잘사는 지금의 한국을 이룬 밑바탕이 되지 않았을까?

스스로 끈을 놓아 버리면 아무도 그 끈을 다시 안 잡아 준다 _ 보아

"한 번도 사뿐히 가본 적 없지.
그저 웅크려 멈춰 섰지. 매일.
또 날 보고 손가락질하며 웃네.
다르게 생겨서 무시했지."

— '네모난 바퀴' 중 —

가수 보아가 자신의 이야기 같아서 안 울고 부르기 힘들다고 한 노래다.

방탄소년단, 블랙핑크, 트와이스 전에 그녀가 있었다. 데뷔 20주년을 맞이한 그를 대중은 '아시아의 별' 보아(34·본명 권보아)라고 부른다. 내 나이의 절반밖에 안 되는 대중가요 가수의 삶에서 나는 무엇을 배우고 젊은이들에게 해주고 싶은 이야기는 뭘까?

13세 나이에 구리시의 한 백화점 댄스 경연대회에 나가서 끼를 발휘한 뒤 그 재능을 알아본 SM 이수만 프로듀서에게 픽업되었다. 자녀의 재능을 알아보고 하고 싶은 일을 하도록 밀어 주는 부모를 가진 것도 행운이었다. 그러나 아직 어려서 고된 훈련이 힘들어 얼마든지 포기할수 있고 넘어질 수 있는 나이였지만 그는 끈을 놓지 않았다.

그는 꿈을 위해 음악 트레이닝뿐만 아니라 일본어, 영어 실력까지 다듬으며 14세에 첫 음반을 냈고, 16세에 세계 제2위의 음악시장인 콧대 높은 일본에 상륙하여 오리콘 차트 정상에 오르고, 한국 가수로는 처음으로 빌보드 메인 차트 문턱을 넘었다.

위에 내가 명언이라고 이름 붙인 "스스로 끈을 놓아 버리면 아무도 그 끈을 다시 잡아 주지 않는다"는 이 치열한 외침이 나는 좋다. 보아가 많이 산 나이도 아닌 16세 소녀 적에 한 말이다. 13세 어린 나이에 고된 훈련을 시작했을 때 참아 내야 하는 어려움은 얼마만 한 무게였을까. 일본에 건너가서 일본 아나운서 집에 머물며 정확한 일본어를 배울 때 견뎌야 하는 외로움은 어떠했을까.

그렇게 준비한 실력이 있었기에 오리콘 차트 1등을 무려 7년이나 휩쓸고, 일본에서 밀리언 셀러로 최고의 인기를 누린 K-Pop가수가 되었다. 돈 이야기를 해서 미안하지만, SM은 보아의 재능을 알아보고 3년 동안 30억 프로젝트를 실시했는데 지금의 보아라는 이름의 가치는 어느 정도일까? 무려 약 2천억 원이고, 34세 나이에 엔터테인먼트 기업의 이사가 되었다. 그만큼 삶이 성장했다는 뜻이다.

사회적 상황이나 경제 상황이 어렵든 그렇지 않든 꿈을 가지고 열심히 일하는 젊은이가 멋지다. 사람으로 이어지는 끈만이 아니라 비전과 인생의 미래로 이어지는 끈을 붙잡고 나가면, 그 끈을 잡아 주는 사람, 그리고 더 큰 하늘의 도움이 따라온다. 보아는 이름도 쿨하고 생각도 멋지다. 감히 16세 나이에 명언을 남길 만큼….

피할 수 없으면 즐겨라
_ 로버트 엘리엇

"*If you can't avoid it, enjoy it*" (피할 수 없으면 즐겨라).

이 말은 미국의 심장 전문 의사 로버트 엘리엇(Robert S. Eliot)의 저서 《스트레스에서 건강으로 - 마음의 짐을 덜고 건강한 삶을 사는 법》에서 나온 명언이다. 매사를 긍정적으로 받아들여 삶의 고통을 줄이고, 적극적으로 살라는 인생 처방전이다.

인간에게 흐르는 시간, 원하지 않는 대상과의 만남, 밥벌이를 위한 고통은 피할 수 없다. 피할 수 없는 상황을 피하려고 하면 더 괴롭다. 살면서 어찌할 수 없는 일을 만나면 피하지 말고 내 인생의 과정으로 받아들이고, 누가 부당한 시비를 걸면 나보다 더 못해서 그러려니 하고 포용과 용서를 하고, 어두운 일들이 생기면 발전을 위한 시련으로 받아들이라. 이것이 사실 나 자신의 행복을 지키는 길이다.

그러면 그가 말하는, 피할 수 없는 상황을 즐길 수 있는 처방전을 살펴보자.

첫째, 고통을 통과하지 않은 행복이란 없다.

그러므로 현재의 고통을 행복의 에너지로 승화시켜라. 고생을 한 뒤에 얻는 행복이 오래가는 행복이고 진짜 행복이다.

둘째, 불평할 시간에 행동하라.

인간이 하루에 사용하는 언어 중 70퍼센트가 자기가 어떻게 할 수 없는 대상에 대한 불평이라고 한다. 누가 어떻고, 이 제도는 부자를 위한 것이라며, 내가 조치할 수 없는 일을 놓고 시간과 에너지를 낭비한다. 인생은 어쩔 수 없이 해야만 하는 일들과 하지 않으면 손해 보는 일들의 연속이다. 방이 추우면 춥다고 불평만 할 것이 아니라 아궁이에 불을 지펴야 한다.

셋째, 버릴 것을 아낌없이 버려라.

미켈란젤로의 조각 작품에 대해 누가 감탄하면서 물었다. "보잘것없는 돌로 어떻게 이런 아름다운 형상을 만들어 낼 수 있습니까?" 이에 미켈란젤로는 "그 형상은 처음부터 그 돌 속에 있었습니다. 난 불필요한 부분만 깎아 냈을 뿐이지요"라고 답했다고 한다. 조각가가 자기가 구상한 조각품을 만들기 위해 버릴 것은 버렸듯이, 행복하려면 행복을 만드는 꿈과 행동을 남기고 버릴 것은 버려야 한다. 사실 자질구레한 것들이 우리 주위에 너무 많고, 버리지 못하고 있는 욕심이 너무 많아서 짐이 된다. 옷장과 책상과 서랍을 보라, 얼마나 버릴 것이 많아서 불편한지…….

넷째, 일을 '즐거운 놀이'로 생각하라.

1장 명언과 사람 사는 이야기

일 자체는 즐거운데 일을 고통스럽게 하는 것은 사람 간의 부딪힘 때문이다. 세상은 더불어 일하는 공간이기에 대인 갈등을 피할 수는 없다. 내 생각이 안 바뀌는 것처럼 상대방의 생각도 굳어 있는데, 나의 잣대와 내 중심으로 상대를 대하면 갈등이 생겨, 일 자체가 고통스럽고 삶의 리듬을 잃는다. 갈등을 줄이고 일을 즐겁게 하려면, 상대를 동반자로 인식하여 상대에게 맞추어 주고, 상대의 장점을 보며 '이것은 이래서 좋고, 저것은 저래서 좋다'라고 수용하라. 인간 활동의 3분의 1을 차지하는 일(직업, 생업)이 즐거워야 생활 속의 행복이 가능하다.

다섯째, 남의 성공을 축복하라.
일을 하다 보면 나보다 우수하고 성공한 사람을 만나는 것은 피할 수 없다. 성공한 자들의 지배를 받을 수도 있다. 그렇다고 "사촌이 땅을 사면 배 아파한다"는 농경문화의 폐쇄적 행위를 지속한다면 퇴보하거나 영원한 낙오자가 된다. 성공한 이들의 마음과 노력을 배우고, 동료가 먼저 앞서가면 축복하라. 우리 주변은 많은 재주꾼과 인재로 넘쳐난다. 나를 잘난 이들과 비교하지 말고 나보다 잘하는 사람이 있으면 축복하고, 다가가서 묻고 배우자.

팬데믹이라는 세계적인 유행은 생각보다 오래 간다. 이때도 내가 할 수 있는 일을 하며 즐기는 것이 현명한 삶이다. 나는 낮에는 일하지만 저녁에는 시간이 더 많아져서 보고 싶은 영화를 찾아서 보고, 서서 손으로 치는 북을 하나 새로 샀다. 노래를 따라 부르며 북을 치면 기분이 상쾌해지고 유산소 운동도 된다. 혼자 하는 운동인 자전거도 가끔 탄다. '그래, 피할 수 없다면 즐긴다'는 생각으로 이 어려움의 때를 이겨 내자. 세상에는 피할 수 없는 일들이 의외로 많다. 가정과 직장에서 만나는 사람과 일들을 피하기보다 긍정하고 헤쳐 나가면 거기에 좋은 열매가 맺히리라고 본다.

항상 깨어 있고, 죽는 순간까지 사랑하며, 절대 포기하지 않는다
_ 홍정욱

홍정욱, 그는 멋지고 참신하다. 하버드 대학을 졸업했으니 머리도 뛰어난 사람이다. 성품이 부지런하고 떠날 때와 버릴 때를 아는 사람이다. 외모만 멋이 있고 (그는 한국의 미남 배우 남궁원의 아들이다) 머리가 비었거나, 머리는 있지만 그 머리를 다른 데 쓰는 사람이라면 신뢰할 수 없지만, 그의 현재는 넘치거나 부족하지 않다.

그가 간증처럼 고백하는 말에서 그의 치열한 삶, 부지런한 삶의 모습을 보게 된다. '항상 깨어 있다'는 말은 부지런하고 삶을 낭비하지 않는다는 말이다. 이것은 평범한 개인이나 국가의 지도자의 덕목에서도 꼭 필요한 일이다. 어떤 어려움을 만나도 절대 포기하지 않는 삶의 용기와 믿음은 목표를 성취하는 데 있어서 최고의 자산이다. 그리고 인생을 살아가는 데 사랑만큼 중요한 것이 있을까? 그 대상이 가족이든 친구든 민족이든 죽는 순간까지 사랑하는 자로 산다면 후회함이 없으리라.

한국의 젊은 층에서 그가 다시 정치에 나서기를 바라는데, 다시 정치에 뛰어들 생각이 있느냐는 어느 기자의 질문에 그는 리더의 자격에 대해 이렇게 말한다.

"리더의 조건은 개인이 만드는 것이 아니라 시대가 만드는 것이라고 생각한다. 시대가 때로는 엘리트를 원하고 때로는 서민을 원하고, 때로는 젊은이를 원하고 때로는 원로를 원하고, 때로는 혁명가를 원하고 때로는 관리자를 원한다. 리더가 가진 개인의 역량과 개성이 얼마나 시대정신에 부합하느냐가 핵심인 것 같다. 그러나 아시다시피 진정한 리더라면 자신의 개성을 시대의 흐름과 타협해선 안 된다. 왜냐하면 자신의 개성과 역량으로 얼마나 시대정신을 이끌어가느냐, 그것이 리더의 조건이라고 생각하기 때문이다."

1970년에 태어나 1985년 압구정중학교 재학 중에 "케네디 대통령 같은 사람이 되겠다"며 케네디가 다녔던 고등학교를 어머니의 손을 잡고 찾아갔지만 떨어졌다. 그 후 6개월간 영어 교육을 거쳐 1989년 초우트 로즈메리 홀 고등학교를 졸업했다. 고등학교를 입학할 때 "남들이 다 가는 길을 가지 말고 사람이 다니지 않는 길을 만들어라"는 어머니의 말씀을 마음에 깊이 새기고 고등학교를 졸업한 후, 1993년 하버드 대학교 동아시아학 전공으로 마그나 쿰 라우데(magna cum laude, 준최우등) 급의 성적으로 졸업했다.

로스쿨을 졸업하고 뉴욕에서 투자금융회사에서 일하다, 귀국하여 신문사 헤럴드를 인수하여 미디어 사업을 하고, 친환경 식품기업 올가니카를 운영했다. 우리가 아는 대로 18대 국회의원이 되었고, 4년간

의정 생활을 열심히 한 뒤 미련없이 국회의원이 가진 권력의 단맛을 버리고 다시 기업인으로 돌아가서 그 기업을 흑자기업으로 키웠다.

    나는 미국 시민으로 살아가고 있으니 미국의 정치와 사회에 더 영향을 받지만, 아직도 한국의 뉴스를 먼저 챙겨 보는 징검다리 세대의 입장에서 이런 참신한 정신을 가진 사람이 한국의 지도자가 되는 것을 보고 싶다. 뿐만 아니라 나도 늘 깨어 있고 만나는 인연을 사심 없이 사랑하며, 죽는 날까지 열정의 삶을 사는 그런 사람이고 싶다.

인생의 시간에 너무 늦은 때란 없습니다
_ 그랜드마 모지스

요즈음 100세 시대라고 하지만 70세 정도에 은퇴를 하고 나머지 삶을 새로운 것에 도전해 본다는 것은 그리 쉬운 일은 아니다. 그저 아프지 않고 건강하게, 좋아하는 취미생활이나 즐기면서 사는 것만으로도 다행이라 여기는 경우가 많다. 그런데 요즈음도 아닌 90여 년 전에 70세 이후에 새로운 일에 도전하여 성공을 이룬 멋진 할머니의 삶을 소개하고자 한다. 미국인들이 그랜드마 모지스(Grandma Moses, 실제 이름은 Anna Mary Robertson Moses, 1860~1961)라고 부르는 할머니 이야기이다.

72세까지 그는 평범한 농부의 아내였다. 학교도 교실 한 칸짜리 시골 초등학교를 몇 년 다닌 것이 전부이고, 12세 때부터 남의 농장에 고용되어 일했으며, 그림이라고는 종종 담쟁이나 레몬즙, 포도즙같이 식물에서 나는 색을 이용해 널빤지나 벽에 색을 칠해 본 경험이 전부였다. 같이 농장 일을 하던 남편이 67세에 죽은 뒤 농장 일을 그만두고 자수를 하였는데, 관절염으로 바늘을 잡은 손이 너무 아파서 자수를 그만둘 수밖에 없었다. 그래서 72세가 넘은 나이에 그림을 배워 보기로 했다.

동네 마을회관 같은 데서 2년 동안 그림을 배우고 74세 때부터 그림을 그리기 시작했다(어느 기록에는 78세에 시작했다는 설도 있다).

동네 약국에 할머니가 그린 그림이 걸렸고, 뉴욕에서 온 루이스라는 콜렉터가 우연히 그 그림을 발견하고 3~5달러에 그림 10점을 사갔으며, 그 그림이 뉴욕의 큰 미술상에 걸렸는데 순식간에 다 팔려서 화단에 농촌 할머니 화가로 알려지게 되었다. 100세 때까지 1,600여 점을 그렸는데, 2006년에 그린 〈설탕 만들기〉라는 그림은 120만 달러에 팔렸다.

그녀의 그림 소재는 밭에서 경작하는 풍경이나 마을의 결혼식 등 미국 동부 지역의 농촌 생활이나 행사, 자연의 변해가는 모습 등 우리 주변에서 흔히 볼 수 있는 것들이다. 소박하고 따뜻한 그의 작품은 많은 미국인의 사랑을 받았다.

나중에는 세계적으로 유명해져 루브르 미술관이 미국의 대표적인 포크 미술가로 그녀의 그림을 구입했고, 한 카드사는 그녀의 그림으로 카드를 만들어 3,500만 장을 팔았다. 〈타임〉지 표지에도 실렸다.

나도 이제 얼마 있으면 70이 된다. 인생 3막을 시작하기 위한 준비를 하며 마음이 설렌다. 노인이 된다는 서글픈 심정이 아니라 조금 더 성숙해 가고 내 비전을 이루리라는 다짐을 한다. 성경은 말한다. 젊은이는 환상을 보고 어른은 꿈을 꾸리라.

나이가 70이 넘었는가? 대접을 받으려고 하면 노인이 된다. 젊은이와 스스럼없이 어울리고 가능한 한 베풀고 섬겨라. 그러면 젊은이의 친구가 되고 생각도 젊어진다. 무엇보다 새로운 것에 도전할 꿈이 생긴다.

나는 재능이 없다고 생각할지 모르지만, 하나님은 창조주이고 우리를 각기 다르게 창조하셨기 때문에 각자에게 주신 자기만의 재능이 있다. 그것을 지금 찾아서 개발하라. 너무 늦었다고 생각할 때 모지스 할머니가 남긴 말을 생각하라.

"인생에 너무 늦은 때란 없다."

늦었다고 생각할 그때가 바로 시작할 때이다. 시작하면 목적이 생기고 보람이 있고 기쁘다. 얼마만큼 성공하느냐는 상관없다. 무언가를 이루어 가는 성취감만으로도 행복하지 않을까?

사랑만으로(With only love)
_ 최고령 여의사 한원주

우리에게 제일 중요한 것이 무엇일까? 사랑일까, 돈일까, 가족일까, 명예일까? 사람마다 조금씩 그 대답이 다를 수 있다. 살아가는 데 가족이 중요하고, 아프거나 힘들 때 역시 그래도 가족밖에 없다는 생각이 들지만, 가족 간에도 사랑이 식었다면 얼마나 서먹하고 삭막할까? 진정한 사랑이 없이 돈이 함부로 쓰인다면 사회에 해악이 될 수도 있다.

94세라는 짧지 않은 인생을 살면서 사랑이 얼마나 중요하고 아름다운지, 그 사랑의 힘이 얼마나 실제적인지 증명해 보인 멋진 분이 있다. 최근까지 국내 최고령 현역 여의사로 활동한 한원주 매그너스 요양병원 내과 과장이 바로 그분이다.

부부가 의사였는데, 처음에는 산부인과 진료를 하다가 남편과 미국에 유학하여 내과 전문의를 취득하고, 한국에서 개업하여 필요한 만큼 돈도 벌었다. 그러다가 50대 중반에 사랑하는 남편을 하늘나라에 보내고, 더 이상 돈을 벌기 위한 병원이 아니라 가난한 자들을 무료로 치료해 주는 선교병원을 30여 년 동안 운영했다. 82세가 되던 해에 병원을 접고 요양병원에서 내과 과장으로 일하면서 12년을 봉사하고, 지난 9월 30일 하나님 나라에 갔다.

    요양병원은 나이 든 노인들이 외롭게 보내는 곳인데, 그들을 회진할 때 천천히 듣고 오래 보며 때로 노래도 불러 주는 진료를 했다. 그들의 마음의 아픔과 외로움을 다 들어 주고, 그들의 아픈 곳을 오래 세심히 살피며, 그리고 때로 그들을 위로하고 즐겁게 해주기 위해 노래도 부르는, 참으로 넉넉하고 사랑이 넘치는 진료 방식이었다. 그분에게서 진료를 받은 할아버지, 할머니들은 한 원장님을(병원에서 예우상 원장이라고 불렀다) 만나기만 해도 병이 낫는다고 고백했다.

    그는 마지막 일주일을 자기가 진료하던 요양병원에서 보내고 하나님 나라로 가면서, 함께했던 직원들에게 그리고 자기가 돌보았던 환자들에게 "힘내, 가을이야. 사랑해" 세 마디를 남겼다고 한다. 얼마나 간명하면서도 멋진 유언인가! 작년에 출간된 에세이집 《100세 현역이 어찌 꿈이랴》에서는 '나이는 정말 숫자에 불과하다'며 '살아 있는 동안 기쁘게 살며 내 할 일을 다할 것'이라고 말하기도 했다. 고인은 '사랑으로 병을 낫게 할 수 있다'는 지론을 갖고 환자들에게 정성을 다했다.

    그는 100세까지 현역으로 일하겠다는 꿈이 있었지만, 생명은 창조주이신 하나님께서 정하신다는 것을 알았기 때문에 하나님께서 부르시면 언제라도 "네, 갑니다" 하고 달려갈 것이라고 고백했다.

    남은 날들을 사랑으로만 살아갈 수 있으면 좋겠다. 미움이나 손해

본 것에 대한 나쁜 기억을 지우고 오직 사랑만으로 나의 삶이 채워지면 좋겠다. 자기 외아들을 주신 하나님의 사랑, 십자가에 달리사 우리의 모든 죄와 허물을 대신하신 예수님의 사랑을 느끼고 나니 얼마든지 그렇게 살 수 있을 것 같다.

가을이 짙어 가고 우리의 사랑도 더 성숙해 간다. 인간에게 사랑할 수 있는 아름다운 심성을 주신 그분을 찬양한다.

아무것도 아냐!
_ 극작가 박해영

　무슨 큰일이나 난 것처럼 호들갑을 떠는 사람이 있다. 남의 조그만 약점과 실수를 부풀려 말하는 사람, 고난과 역경 앞에 죽을 것처럼 힘들어하는 사람이 있고, 아직 닥치지도 않았는데 미리 겁을 먹고 두려워하고 염려하는 사람도 있다.
　우리 삶에 아무 일도 안 일어나고 그저 평탄하기만 하다면, 어쩌면 순항하는 배일 수는 있지만, 파도의 일렁임을 못 느끼고 인생 바다의 깊이를 모른 채 지나갈 수도 있을 것이다.

　한국에서 방영된 지 2년이 지난 〈나의 아저씨〉(박해영 극본)라는 드라마를 두 달 전부터 틈틈이 보았다. 평범한 동네 아저씨 삼형제와 거칠고 힘든 환경을 맞닥뜨리며 처절하게 신음하듯이 살아가는 21세 한 여자의 삶을 다뤘다. 자신의 부끄러운 과거 때문에 사람을 피하고 거칠
게 인생을 살아가는 직장 부하(이지안 역 - 아이유)에게 주인공 아저씨(박동훈 역 - 이선균)가 해주는 말은 "괜찮아, 아무것도 아냐"였다. 사실 이 말은 명언이라기보다 아무나 할 수 있는 평범한 말이다.

그 평범한 말이 그녀를 위로하고, 지금까지 세상에서 느껴 보지 못한 따뜻함으로 다가왔다. 중학생 때 부모와 할머니에게 빚을 받으러 와서 폭력을 휘두르는 사채업자를 어쩌다 칼로 찔러 살인을 저지르고, 다행히 정당방위로 인정되어 처벌은 받지 않았지만 살인자라는 부끄러운 과거 앞에 도망가고 싶고 절규하고 싶은 그녀에게, 아무것도 아니라고 위로하는 그의 부드러운 음성은 그녀의 삶을 바꾸게 했다.

아저씨도 자기 아내가 잘 아는 자신의 대학 동아리 후배와 불륜관계에 있다는 것을 알고 괴로워하지만, 그 청년이 들려주는 "아저씨, 지나고 나면 아무것도 아냐, 파이팅!" 하는 위로의 말에 아내를 용서하기로 한다.

우리 삶에 일어나는 크고 작은 일들이 아무것도 아닌 것은 아니지만, 과거의 실수를 돌아보며 자책하기보다는 실수를 계기로 한 단계 생각이 성숙하고 자신의 이기심을 벗어나서 남을 배려하는 삶으로 바꾸어 나간다면 그것은 나쁜 것이 아니다. 누구나 우리에게는 아픈 과거의 이야기 한두 마디가 있다. 숨기고 싶은 부끄러운 일면도 있다. 그러나 누군가가 나에게 "그건 아무것도 아니야" 하면 큰 위로가 되고 '더 잘하고 살아야지' 하는 다짐이 된다.

예수께서 동족에게 과다한 세금을 물리던 세리를 용서하고 동료로 삼으셨으며, 현장에서 간음하다 잡힌 여인까지 용서하시며 죄 없는 자가 돌로 치라는 말씀을 통해 "아무것도 아니야. 이제 가서 새 삶을 살아" 하고 위로하시지 않는가! 때론 바쁜 세상에 남이 내게 괜찮다고 말해 주지 않아도, 과거의 상처는 아물고 거기에 새 살이 돋아나 그 상처가 이미 아무것도 아닌 것을 믿고 내가 나에게 "괜찮아. 아무것도 아냐. 힘내! 매일 기쁘게 살아!"라고 말해 주면 어떨까.

너의 삶을 살아라
_ 소아정신과 의사 김창기, 가수 양희은

우리는 사랑하는 자녀를 키우면서 기쁨을 느끼고 부모로서 돕고 지지하고 지원한다. 그러면서 자녀에게 바라는 꿈과 기대치가 있다. 자녀가 부모의 기대만큼 자라 주지 못하고 성취하지 못하면 드러내지 않더라도 실망하고 속상하기도 하다. 특히 자녀의 공부나 그들의 앞날을 위해 한국에서 좋은 직장이나 기반을 뒤로하고 미국에 오신 부모님들은, 자녀가 훌륭히 커 주지 못했을 때 자신이 베푼 사랑과 희생을 보답받지 못했다는 마음의 아픔이 있다.

나의 가정보다 더 어려운 환경에서 자란 누군가의 자녀가 좋은 대학을 가고 훌륭한 엔지니어나 의사 같은 좋은 직업을 가지면 부러워하고, '내 자식은 왜 이 모양인가?' 하면서 나도 모르게 은근히 비교하는 마음이 들 때도 있을 것이다.

'엄마가 딸에게'라는 노래는 포크 그룹 동물원 출신 가수이자 소아정신과 전문의 김창기 님이 작사와 작곡을 하고 가수 양희은 님이 노래를 불렀다. 이 노래를 몇 번 들으면서 내게는 공감이 되는 부분이 많았다. 제목은 '엄마가 딸에게'이지만 사실 내용은 '아빠가 딸에게'일 수도 있는, 부모가 자녀에게 들려주는 노래이다. 그 노래 가사 가운데 "공부해라, 성실해라, 사랑해라"
라고 이야기하는 대목이 있다. "공부
해라" 하고 "그건 너무 교과서야"라
고 답하고, "성실해라" 하고 나서는 "
나도 그러지 못했잖아" 스스로 답하
고, "사랑해라" 하면 딸이 "그건 너무
어려워"라고 답한다.

 나도 아들에게 들려 주고 싶은 말, 또 부탁하고 싶은 말이 있는데 "성실해라, 부지런해라"이다. 공부를 아주 잘하지는 못해서 상위 대학에 못 가고 또 좋은 직장에 못 들어간 것이 아들 탓만은 아니고, 부모의 유전자를 받은 탓일 수도 있어서 그것을 요구할 수 없다. 그러나 어떤 사람도 성실하고 부지런해야 하는 것은 본인의 책임이고 선택이라고 생각하기 때문이다.

 그런데 그것조차 마음을 비우기로 했다. 노래 가사의 결론은 이렇다. "너의 삶을 살아라." 자녀들이 바라는 것도 사실 그런 것이다. "나의 삶을 살게 해줘!"

 자녀가 학교에서 남모르게 겪었던 인종차별을 잘 견뎌 준 것이 다행이고, 지금 안 아픈 것만도 감사하고, 부모 가까이 있어서 가끔 볼 수 있는 것도 감사하고, 혼자가 아니고 좋은 짝을 만난 것도 감사하다. 태블릿이나 전화 등 전자기기 사용법을 잘 모를 때 달려와서 고쳐 주는 것도 감사하고, 더군다나 부모가 섬기는 교회에 나와 잘 알아듣지 못하는 한국어 설교를 들어 주며 영상 제작 등 교회 일을 도와주는 것도 더욱 감사하고….

그래, 더 이상 마음으로도 요구하거나 바라지 않고 "너의 삶을 살아라" 하면서 자유를 주는 것이 하나님의 뜻이라는 생각이 든다. 우리가 60, 70 생애를 살았다 한들 어찌 삶에 대해 다 안다고 할 수 있겠는가? "난 삶에 대해 아직도 잘 모르기에 너에게 해줄 말이 없지만 네가 좀 더 행복해지기를 원하는 마음에 내 가슴속을 뒤져 할 말을 찾지"라는 기사를 떠올리며 자녀에게 이렇게 말하고 싶다.

"항상 부지런해라. 그리고 너의 뜻을 펼치고, 너의 삶을 살아라! 부모는 단지 네가 더 행복해지기를 바랄 뿐이야."

예술은 불안한 사람을 편안하게, 편안한 자들을 불안하게 해야 한다
_ 뱅크시

그는 산타처럼 사람들이 잠든 사이에 찾아온다. 크리스마스를 한 달쯤 남긴 지난 주, 평범한 사람들이 모여 사는 영국의 어느 한 동네에 재미있는 그림이 하나 등장했다. 약 25퍼센트 경사진 언덕길에 있는 한 할머니 집 벽에 '에취'라는 그림이 그려졌다. 한밤중에 찾아와서 스프레이 페인트로 그림을 그려 놓고 간 작가는 뱅크시(Banksy)이다. 한 할머니가 계단을 오르다가 '에취' 하고 재치기를 크게 하는 바람에 손에 든 지팡이와 가방까지 떨어뜨리는데, 그 바람에 앞에 놓인 쓰레기통과 지나가던 사람까지 쓰러진다는 내용이다. 그 그림이 유명한 뱅크시 작품이란 사실이 알려지자 한 미술 평론가가 찾아와서 그 벽화의 가격을 약 70억 원이라고 감정하고, 할머니는 4억에 매물로 내놓았던 집을 거둬들인다.

2018년 크리스마스를 앞둔 18일 저녁, 영국 웨일스의 남부 철강도시 포트 탤벗의 주민들은 벽에 그려진 그림 하나를 선물로 받는다. 한 철강 노동자의 집 담벼락에 그려진 그림 속에는 한 소년이 하늘을 향해 팔을 벌려 흩날리는 눈을 반기고 있다. 그러나 코너를 돌면 불이 붙은 통 안에서 뿜어져 나오는 재가 보인다. 소년이 눈처럼 반긴 것은 사실 불에 탄 재였던 것이다. 그 소도시는 영국에서 공장 먼지로 많이 오염되어서 극심한 공해에 시달리고 있었다. 뱅크시는 서정적으로 보이는 벽화를 통해 이 지역의 심각한 환경 문제를 고발한 것이다.

1974년 영국 남부 브리스톨 태생인 그는 본명이 '로버트 뱅크스'로 알려져 있다. 열네 살에 학교를 그만두고 브리스톨 지역의 그래피티(스프레이로 벽에 직접 그림을 그리는 것) 집단 멤버로 '프리핸드 그래피티'를 시작한다. 이 과정에서 몇 차례 체포를 당하면서 그는 짧은 시간에 완성도 높은 그림을 그리는 방법을 궁리하다 '스텐실 그래피티'를 시작했다. 스텐실이란 종이 등에 그림을 그려 구멍을 낸 후, 그 위에 스프레이를 뿌려 완성하는 기법을 말한다. 정교하고 위트가 넘치는 그의 스텐실 그래피티는 금세 알려졌고, 1990년대 후반에는 이미 런던과 브리스톨에서 주목받는 스트리트 아티스트가 되었다.

그의 그림이 그려진 장소는 경찰서, 관청, 난민 쉼터 등이었고, 그가 전하는 메시지는 반전, 반권위주의, 인간 존중 등이며, 그의 그림엔 비판 정신이 생생하지만 동시에 허를 찌르는 위트와 은유, 휴머니즘이 넘친다.

그는 예술이 돈으로만 평가받는 것에 대하여 비판적이며, 예술은 가진 것이 많지 않아서 불안한 자들을 편안하게 하고, 지위와 돈과 권위로 행복을 사려는 자들을 불안하게 해야 한다고 생각했다. 그가

10여 년 전 영국 빈민촌 이동식 주택에 시리즈로 스프레이 그림을 그렸는데, 그것이 유명해져서 구입하려는 사람들로 넘쳐나서 500배가 넘은 가격에 팔림으로 결국 모빌홈에 사는 가난한 사람들이 큰 덕을 보게 되었다.

그는 자기 정체를 드러내지 않는데, 기발한 유머 감각과 신랄한 현실 비판이 담긴 그래피티로 더 유명해지고 있는 얼굴 없는 예술가이다.

2018년 10월에는 그의 유명 작품 '풍선과 소녀'가 소더비 경매에서 140만 파운드에 팔릴 때 그의 그림이 액자 뒤에 설치된 파쇄기에 의해 찢어지는 사건이 발생했다. 그러자 뱅크시 스스로 인스타그램에 자신의 계획이었음을 밝혔다. 뱅크시는 자기가 몇 년 전에 그 그림에 파쇄기를 설치했다고 밝히며, "파괴하고자 하는 욕구도 창조적인 것이다"라는 피카소의 말을 인용했다. 그의 기행은 스스로 쓰레기 같다고 생각하는 그림을 비싼 값에 사는 미술시장에 대한 비판이요, 돈을 신처럼 섬기는 현대 사회에 대한 조롱이었다.

오일 경기가 나빠 풀이 죽은 텍사스에 이번 성탄절에 그가 산타처럼 찾아와서 우리의 상식을 깨는 멋진 벽화를 하나 선물하고 갔으면 좋겠다.

그럼, 저 사람들 노래지
_ 김민기

"긴 밤 지새우고 풀잎마다 맺힌 진주보다 더 고운 아침 이슬처럼…"

한국 사람치고 '아침 이슬'이라는 노래를 모르는 사람은 거의 없을 것이다. 특히 1980년대 한국의 격동기를 산 사람들은 이 노래를 데모 현장에서 떼창으로 혹은 술자리에서 어깨동무를 하고 같이 불러 왔다. 저항가요라고 하기에는 노랫말이 너무 시적으로 아름답고, 거기에 우리의 정신을 일깨우는 울림이 있다. "태양은 묘지 위에"라는 가사의 한 구절 때문에 군사정권에서 금지곡이 되었고, 그래서 독재에 항거하는 젊은이들이 더 많이 불렀던 노래 '아침 이슬'을 만든 사람이 김민기이다. 서울대 미술과를 나온 화가이지만, 자신의 노랫말에 곡을 붙이는 작곡가, 가수, 그리고 소극장 학전을 운영하는 연출가였다.

그를 내 기억 속에 다시 불러낸 것은, 그가 우리 교회에 새로 온 전 집사님의 선배여서, 집사님이 그와의 일화를 들려주었고, 나는 기억을 더듬으며 그의 노래를 다 찾아듣다가 '봉우리'를 듣게 되면서이다.

"사람들은 손을 들어 가리키지
높고 뾰족한 봉우리만을 골라서
내가 전에 올라가 보았던 작은 봉우리 얘기해 줄까
봉우리, 지금은 그냥 아주 작은 동산일 뿐이지만
그래도 그때 난 그보다 더 큰 다른 산이 있다고는 생각지를 않았어
나한테는 그게 전부였거든…
저기 부러진 나무 등걸에 걸터앉아서 나는 봤지
낮은 데로만 흘러 고인 바다
작은 배들이 연기 뿜으며 가고…"

그의 낮고 깊은 동굴에서 울려 나오는 목소리로 들려주는 '봉우리'를 열 번 정도 들으며 내 가슴에 슬며시 눈물이 고였고, 내가 오르지 못했던 봉우리가 생각났다. 그리고 나무 등걸에 걸터앉아 바라본 계곡의 물이 더 낮은 데로 흘러 흘러 바다가 되는 것을 상상해 보았다. 그래, 낮은 데로 흘러 바다가 된 물은 자기 몸을 내주어 작은 배들을 띄우는데 사람이 높은 봉우리만 바라보고 오르려고 하는 것은 얼마나 이기적인가.

김민기는 1987년 많은 군중들이 모인 어떤 행사에 갔다가 많은 사람들이 너무나 절절하게 '아침 이슬'을 부르는 것을 보고, 고개를 숙여 신분을 숨긴 채 혼잣말로 되뇌었다고 한다. "이건 그들의 노래야. 그럼, 저 사람들 노래지." 나는 그 이야기를 2년 전 그가 오랜만에 방송에 출연해 손석희와의 인터뷰에서 무심코 하는 말 가운데 들었다. 그가 만들었고, 양희은과 많은 가수들이 불러 너무나 많은 사람들의

사랑을 받은 그의 상징과도 같은 노래, 한국의 억눌린 젊은 세대가 마치 성가처럼 혹은 국민가요처럼 부르던 그 노래는 이미 자신의 노래가 아니고 그들의 노래라는 그의 비움이 잔잔한 감동으로 찾아왔다.

그렇다. 예술, 음악이나 미술은 그 작품이 많은 사람의 사랑을 받으면 이미 그것은 그 사람들의 것이 아닐까? 그렇게 사랑을 받는 작품은 생명이 길다. 바라건대 정치인들도 그것을 알았으면 좋겠다. 세종대왕처럼 혹은 링컨 대통령처럼 정말 자신을 내주어 국민을 사랑한 지도자는 세월이 가도 잊혀지지 않는다.

목회자는 어떨까? 자기를 낮추어 생명을 주신 예수님처럼 하나님과 성도를 사랑하는 목회자는 복음을 담은 교회를 통해 방황하는 영혼을 위하여 나를 비워 생명을 나누는 사람이어야 한다고 믿는다.

한 해가 저무는 이즈음, 조용히 나의 것을 내어주는 김민기의 정신이 그립다. 코로나가 끝나서 이담에 서울에 가면 그가 연출한 '지하철 1호선'을 꼭 보고 싶다. 하늘엔 별이 있고 땅에는 꽃이 있다 사람에게는 사랑이 있어야 한다

하늘엔 별이 있고 땅에는 꽃이 있다. 사람에게는 사랑이 있어야 한다

_ 괴테

하늘엔 별이 있다. 흐린 날 구름을 보지 말고 맑은 날 별을 보라, 거기 영롱하게 빛나는 별들이 당신에게 이야기할 것이다. 땅에는 꽃이 있다. 그저 눈만 들면 볼 수 있는 꽃들이 지천에 있다. 땅구석 어딘가에 처박힌 쓰레기를 보지 말고 꽃을 보라. 아름다운 향기와 활짝 웃는 웃음이 있다.

괴테는 하늘의 별처럼 땅에 핀 꽃처럼 사람에게는 사랑이 있어야 한다고 말한다. 이것이 어찌 괴테만의 생각일까. 우리는 정신과 영혼을 가진 인간이기에 마음에 사랑이 머물고 미움, 시기, 탐욕을 버리고 서로 사랑할 수 있다.

별에게 길을 묻는다. 하늘이 맑은 밤이면 뒷마당에 나가 한참 동안 서서 별을 보았다. 까맣게 느껴질 만큼 파아란 하늘에 박힌 별, 하얀 구름 사이로 잠시 숨었다 더 환히 반짝이는 별, 아무 시름도 없이 내게 다가와 속삭이는 별 그들에게 길을 물으면 수줍은 듯 내 마음속에 다가와 넌지시 가야 할 길을 들려주곤 했다. 기도에 응답하시는 나의 주님처럼….

　어쩌다 새벽에 잠이 깨어 별을 만나면 거기 찬란히 빛나는 샛별이 보이고 신선한 공기 사이로 휙 내 이마에 다가와 인사를 하고 어깨동무를 하듯 친구가 되어준 때도 있었다. 너무 따뜻하게 다가와 나는 오히려 엄숙해져서 아무렇게나 걸치고 나간 외투 깃을 여미고 나의 좁았던 행동과 잘못을 털어놓고 부끄러워하였다. 그리고 언젠가 가게 될 하나님 나라를 별의 세계로 상상하곤 했다.

　나는 꽃을 잘 모른다. 아내가 가장 좋아하는 꽃이 무엇인지도 잘 모른다. 나는 그저 빨간 장미를 좋아하려니 생각했는데 아니란다. 때로는 노오란 프리지아 꽃도 좋아한다고 했다. 밸런타인데이면 결국 시들고 마는 꽃을 사느라고 왜 돈을 낭비하나 하는 생각도 했다. 그런데 꽃을 좋아하는 이들을 보면 마음결이 곱고 그들은 세상을 향하여 마음이 열려 있다. 꽃의 향기가 진한데 꽃보다 귀한 영혼의 존재인 사람은 얼마나 향기 나는 삶을 살 수 있을까?

　사랑, 그보다 더 아름다운 단어가 있을까! 너무 쉽게 입술에 달지만 그보다 더 숭고한 것이 있을까. 사람 사이에 사랑이 없다면 신과 나 사이에 사랑의 신뢰가 없다면 얼마나 슬프고 삭막할까? 오래 전 독일 괴테 하우스를 찾았다가 거기서 우연히 김동길 교수님을 만났다. 그리고 그분이 서울 집에서 매년 한 번씩 지인들을 초청하여 국수 잔치를 한다는 것을 들었다. 국수 한 그릇에 담긴 사랑과 정성 그것을 나누는 것이리라.

사람은 사랑의 크기만큼 가슴이 넓고 소중하다. 사람이 모이는 교회도 결국 사람을 담는 하나님의 사랑 그릇이다. 별, 꽃, 사랑 그리고 사람, 하늘엔 별이 영롱하고 땅에는 꽃이 향기를 뿜고 사람에게는 사랑이 있으면 우리가 사는 세상은 천국처럼 아름다울 것이다.

2장

아침 편지

> 저녁 12시, 차 한 잔을 타러 내 방에서 부엌으로 나갔다가
> 한 잔만 타지 않고 두 잔을 타서
> 그중 한 잔을 슬그머니 아내가 앉아 있는 탁자 앞에 두고
> 서재로 들어왔다.
>
> 너무 작아서 잘 보이지 않는 별들….
> 사실 그 별들은 멀리 있을 뿐 더 큰 별일 수 있다는 생각을 한다.
> 작은 것에 감사하면
> 멀리 있을 것 같은 행복도 가까이 다가온다고 믿는다.
> 감사하지 않기 때문에 그 행복이 내 곁에 머물지 않고
> 바람처럼 지나가 버리는 것이다.

Buenos Dias

대보름 달이 밝은 밤
달과 나 사이 별과 나 사이
아무 장애물이 없이 달과 별을 만난다.

해가 없는 밤하늘도 푸르다는 것을 알았다.
자세히 보면 어둠보다 푸름이 빛나는 것을 본다.

그리고 하나 더
달과 나 사이 별과 나 사이
그냥 비어 있는 허공이 아니라
그 공간에, 궁창에 하나님의 숨결이 차 있는 것을 느낀다.

달과 별과 궁창과 공기와 바람을 품고 사는
작은 나는 그리고 우리는
옛 본성의 더러움을 벗어 버린
Peace Joy 생의 아름다움이 있다.

새소리

어제 아침 동틀 무렵에는
새 울음 소리가 시끄러울 만큼 크게 들리더니

오늘 아침엔 침상에 일어나 앉았을 때
새 울음 소리가 멀리서 아련히 들린다.

왜 멀리 갔을까?
.....

내가 어제 아침에 너무 시끄럽다고
마음에 불평했기 때문이다.

그래
내일 아침에는 더 가까이 오렴
우리 같이 노래하자꾸나.

이른 아침 잠에서 깨어

어제는 너무 피곤하여 일찍 잠자리에 들었더니
오늘은 이른 아침 가뿐한 몸으로 눈을 뜨게 된다.

우리 몸의 회복력이 참으로 놀랍다.

언젠가 여행을 마친 후
우리 몸이 피곤하고 나약해져서
더 긴 잠에 빠질 때도 두려워할 필요가 없다.

잠에서 깨면
아름다운 음악과
보석처럼 반짝이는 시냇물과
꽃이 찬란한 동산에
내가 한층 젊어진 모습으로 거기 서 있을 테니까.

산티아고 순례길

산티아고는 스페인 북부에 있는 도시인데
예수님의 제자인 야고보의 무덤이 있는 순례길의 종착지이다.
순례자들은 주로 프랑스 남쪽 생장피드포르(St. Jean Pied de Port)에서 출발하여
피레네 산맥을 거쳐 800킬로미터에 이르는 길을 걷는다.
하루에 20킬로를 걸으면 40일,
27킬로를 걸어도 한 달이 걸리는 먼 순례길이다.

이 길을 본떠서 한국에도 제주도에 올레길이 생겼고,
청산도에 슬로길, 그리고 많은 걷기 코스가 생겼다.

왜 사람들은 스스로 쉽지 않은 고난의 길을 택할까?
발이 부르트는 고난의 길을 걸으면서 고독과 마주하고
인생을 돌아보는 시간을 갖는다.
그래서 새로운 삶의 길을 찾는다면 유익한 시간일 것이다.

나의 버킷 리스트의 하나인 이 길을 은퇴 후에는 꼭 걸어 보고 싶다.
그래서 은퇴가 끝이 아니라 더 높은 곳을 향한
새로운 시작이 되기를 바라는 것이다.

별

어젯밤 늦은 시간 아니면 이른 새벽에 별을 보셨습니까?
미치도록 아름다운 별,
그들은 언제나 그 자리에서 조용히
빛을 발하고 있습니다.
밤이니까 하늘이 까말 것이라고 생각하지 마십시오.
자세히 5분만 보면 밤하늘은 푸른 빛을 띠고 있습니다.

그것은 희망이고 젊음입니다.

별처럼 반짝이는 것 같지만 움직이는 것은 별이 아닙니다.
비행기는 움직이고 자세히 들으면 소리를 냅니다.

뉴욕 어느 고아원에서
하루에 세 가지씩을 의무적으로 실천하도록 했습니다.
첫째, 매일 아름다운 것을 하나씩 찾아보기.
둘째, 매일 감사한 일을 하나씩 생각하기.
셋째, ….

세상이 여러 가지 일로 시끄럽습니다.

북의 독재자는 잔인하고,
남의 정부는 부끄럽고,
돈 많은 자는 감옥에 갇혀 있습니다.

별은 진실하고, 늘 거기에 있고, 더 큰 세계입니다.
우리가 돌아갈 고향이고, 꿈이고, 위로입니다.

내가 찾는 아름다운 것 하나,
이 밤에도 말없이 반짝이는 그 별에 걸겠습니다.

염려하거나 분노하지 마십시오.

별은 언제나 그 자리에서 우리를 기다려 주고
푸른 밤 하늘에 희망이라고 씁니다.

별 그리고…

오늘따라 남쪽 하늘에 유난히 반짝이는 별이 보인다.
하얀 구름이 빨리 흘러가는데 마치 별이 달려가는 것 같다.

한 주가 휙 지나가고, 토요일 늦은 저녁이다.
장수 시대라 해도 시간이 빨리 가는 것은 막을 수 없다.

영국에서 《100세 인생》을 출간한 린다 그래튼 교수는
100세 시대에는 좋은 삶을 누리기 위해 돈(유형 자산)뿐 아니라
기술과 지식, 건강과 우정, 변화에 대한 적응력 등
무형 자산도 똑같이 중요해진다고 말한다.
그러기 위해 60대 은퇴 이후에도
다시 새로운 기술을 배우고
지식을 넓혀 재취업하거나
경험을 살려 80~90세까지도 활동하는 것이 필요하다고 말한다.

현재 평균 수명은 80세 정도이지만
지금 태어나는 아이들은 105세가 평균 수명이
될 것이라고 한다.

그런데 오래 사는 것만이 중요한 것이 아니다.
어떻게 무엇을 하며 사는 것이 보람 있는 삶일까?
남을 위한 봉사,
복음으로 생명을 살리는 전도,
가난한 자들을 찾아가는 구제,
5대양 6대주 구석구석을 찾아가는 세계 일주.

한 가지로 답할 수는 없겠지만
자기만을 위한 삶은 답이 아니라는 것은 자명하다.

별은 달려가는 것 같지만 늘 그 자리에 있다.
우리가 달음질을 마치고 올 때까지….
그러나 시간은 달리듯이 빨리 간다.
100세의 3분의 1을 지나온 사람,
100세의 3분의 2를 지나온 사람,
정말 가치 있는 일을 정하고 시작해야 할 때이다.

이 밤도 별이 아름답다.

반쪽

나는 그녀에게 말했다.
"창조주를 모른 채 인생을 살다 가는 것은
인생을 반쪽만 사는 것입니다.
사람은 육신과 귀한 영혼을 가진 존재입니다."

그녀는 대답했다.
"형부, 내가 지금까지 듣던 말 중 가장 충격적인 말이에요."
처갓집에 놀러 온 사촌 처제와의 대화이다.

그녀는, 집안은 어렵지만
한참 꿈 많은 대학 2학년 약대생이었고,
나는 한창 하나님을 열심히 믿는
결혼한 지 얼마 안 된 30대 초반이었다.

그 후 그녀는 대학을 졸업하고 약사가 되어
부산에서 빌딩도 한 채 가진 부자 약사와 결혼했다는
소식이 들렸다.

미국 온 지 20여 년이 지난 어느 날,

그녀가 이혼당했다는 이야기를 들었다.
그런데 이혼 사유가 기가 막히다.
약국을 아내에게 맡겨 놓고 자기는 맨날 놀러 다니며
바람을 피우는 남편에게 화가 나서
자신도 딱 한 번 남자를 만나 바람을 피웠는데,
그것이 발각이 되어
이혼을 당하고 빌딩도 빼앗겼다는 것이다.

뭐라고 위로를 해주어야 할까.
육신의 반쪽을 잃고,
많은 재산도 잃어버렸지만
아픔의 순간에 진정한 위로의 하나님을 만나
더 좋은 영적인 세계를 안다면,
그리고 영원하신 하나님을 의지할 수만 있다면
그는 반쪽이 아닌 온전한 인생을 사는 것이라고 말해 주고 싶다.

"하나님을 모른 채 인생을 살다 가는 것은
인생의 반쪽만 사는 것입니다."

아침

찬란하도록 상쾌한 아침입니다.
뒷담장 너머 교회 하얀 첨탑 위에
눈부신 햇살이 찾아와 머물고

이름 모를 나뭇가지 위에 앉은 새들은
경쾌한 합창을 쏟아 냅니다.

앞마당에
겨우내 숨죽이고 몸을 숨겼던 생강꽃들이
어느덧 고개를 내밀고 봄을 손짓합니다.

아침은 희망이요,
봄은 설렘입니다.

오늘 멋진 새 하루를 기대합니다.

The Fences

오늘 새벽에는 별이 보이지 않는다.
잿빛 구름이 잔뜩 하늘을 가려서
단 하나의 별도 보이지 않는다.

어젯밤에 그 반짝이던 별들은 어디로 갔을까.

그래, 나는 안다.
별은 그 자리에 있다는 것을.
구름이 가려 잠시 보이지 않을 뿐,
잿빛 구름 너머로 별은 여전히 영롱하게 빛나고 있다는 것을.

비올라 데이비스(Viola Davis)가 아카데미 여우 조연상을 받았다
〈펜스〉(Fences)라는 작품을 통해….
피츠버그 흑인 빈민가에서 자란
어거스트 윌슨(August Wilson)이 극본을 썼고,
덴젤 워싱턴이 주연 및 감독을 한 영화에서
명연기를 펼친 그녀의 처절한 외침을 들어 보라!
"How about my life?"

잊지 말자!
잿빛 구름 너머에는 언제나 파아란 별들이 반짝이고 있다는 것을,
가로막힌 것 같은 세상에도 희망이 있고,
하늘은 찬란한 별빛으로 우리를 늘 지키고 있다는 것을….

Donde Voy

새벽녘 잠이 깨어 뒷마당에 나가 보니
비온 뒤 새벽하늘 별이 생각보다 밝지 않다.
왜일까, 아직도 하늘에는 옅은 구름이 끼어 있다.
동쪽에 뜬 큰 별 하나
그래, 거기를 향해서 나아가야지.

"Donde Voy Donde voy(Where I go)."
밀입국자의 슬픔을 노래한 멕시코 가수의 노래이다.
국경을 넘어 정처 없이 사막을 걷고,
낮에는 숨었다가 별이 비추는 밤길을 걸어
반겨 주는 이 없는 어딘가에 다다른
불법 이민자의 삶이 녹아 있다.

큰 우주에 비하면 자그마한 지구이지만,
인간은 선을 그어놓고
오지 못하게 하고, 받아주지 않는다.
"Solo estoy solo estoy(I am alone)
Esperanza es mi destinacion(Hope is my destination)."
외로운 나그네는 그래도 희망을 붙잡고 살아간다.

방랑자여, 하늘을 천천히 보아라.
별은 다시 밝아오고
은은히 너의 앞길을 비춘다.
구름은 어느새 물러가고
수많은 작은 별이 너의 어둠을 밝힌다.
Donde voy Donde voy,
걸음을 멈추지 않으면
너를 반기는 이의 손이 너를 기다리고 있다.

한밤 어두움이 짙으면

그거 아세요?
한밤 어두움이 짙으면 별은 더 밝게 빛나는 것을….

한밤중 세상이 모두 잠든 밤에,
가로등도 거의 꺼지고
이웃집 불빛도 잠든 밤,
뒷마당에 나가 별을 보다가
우리 집 불빛도 방해가 되어
거실에 켜진 불과 어항을 비추는 불빛까지 다 끈 다음에
다시 밖에 나와 별을 보니
밤하늘 별들이 더 환하게 비춥니다.

평소 보지 못했던 서쪽 하늘 낮은 곳에
대각선으로 세 형제처럼 나란히 비추는 별들을 발견하고
크지 않지만 반짝거리는 그 별들이 무척 반가웠습니다.

세상 살기도 바쁜데 웬 별 타령이냐고요?
맞습니다.
어찌 보면 쓸데없는 이야기이고

가 볼 수 있는 것도 아닌데 무슨 소용일까요?

그런데 별을 보는 순간은 제 영혼이 더 맑아집니다.
언젠가 육신의 장막을 벗은 후에 가게 되는
하나님 나라가 막연한 것이 아니라
별처럼 또렷하게 있다는 생각을 하고 삽니다.

너무 먼 곳이지만
빛보다도 빠르고 자유로운 영혼의 날개라면
금방 다다를 수도 있는 세계라고 믿고 싶습니다.

오늘 저녁 한 살 배기 아이를 둔 한 젊은 부부와 식사를 했는데,
남편은 멕시코 몬테레이에서 이사 온 스페인계 멕시코 청년,
아내는 경기도 출신 한국인입니다.
둘이 플로리다에서 유학하며 디즈니랜드에서 아르바이트 하다가
서로 좋아져서 한국에 나가 결혼하고 3개월을 살다가
휴스턴으로 이사를 왔는데,
남편이 한국 음식과 문화를 너무 좋아한다고 하네요.

세계는 이렇게 점점 한 울타리처럼 좁아지듯이
멀리만 느껴지는 별나라도 더 가까이 우리 곁에 다가올 것입니다.
비록 우리 세대에는 별을 여행하지 못할지라도,
그래서 영혼으로밖에 여행하지 못해도
하나님이 지으신 원대한 우주는

점점 더 우리 곁에 가까이 오고 있습니다.

구태여 윤동주 시인이 아니더라도
별은 내 마음의 고향이고,
미래에 가 보고 싶은 꿈입니다.

'오늘도 별이 바람에 스치운다 .
별을 사랑하는 마음으로
눈에 보이는 모든 것
혹은 눈에 보이지 않는 것까지도 사랑해야지.'

하늘에 수많은 별을 다 헤아릴 수는 없지만
가슴을 열어 별들의 반짝임을 마음에 담겠습니다.

한밤 모두가 잠든 어두운 밤에
영롱히 반짝이는 그 별빛을
나는 희망이라고,
미래를 향한 여행의 시작이라고
이름 붙이고 싶습니다.

너무 먼 당신

이른 밤 초승달이 서쪽 하늘에 머물다 자취를 감추고,
새벽 검고 푸른 하늘에 옅은 구름이 끼인 사이 사이로
작은 별들이 반짝인다.
아스라히 반짝이는 그대에게 더 가까이 다가가고 싶은데,
그대는 너무 멀리 있다.

내가 언젠가 여행을 끝내는 날,
가벼운 날개로 날아올라 찾아가는 세상이라고 믿고
미리서 친해 두고 싶은데,
그대는 저만치 높이 있어 올려다 보아야만 하는 존재이다.

사람들은 이야기한다.
그대는 너무 멀리 있어서 우리가 갈 수 있는 곳이 아니라고.

그러나 나는 믿는다.
그대가 내 마음에 있어서 그리우면 늘 만날 수 있듯이
내가 무거운 몸을 벗어 버리는 날
빛보다 빠른 속도로 날아가
그대의 품에 안길 수 있다는 것을….

누군가
별은 너무 멀리 있어 현실이 아니라고 말하지만
그 모습 그대로 하늘에 남겨둔 채
나는 그대를 동경하며 살고 싶다.
새벽 하늘에 떠 있는 그대를 바라만 보아도
내 가슴에 작은 행복이 살아난다.

멀리 있는 당신
오늘도 새벽별이 푸르다.

가까이 다가오는 별

별을 좋아하느냐고 물으면 "그렇다"이다.
별을 사랑하느냐고 물으면 "정말 그렇다"이다.
별에 가 보고 싶으냐고 물으면 "할 수만 있다면…"
그게 나의 답이다.

오늘은 아직 초저녁인데도(저녁 9시) 별이 밝다.
초승달과 반달의 중간쯤인 달이 환히
하얀 구름 사이를 숨바꼭질하고
그 사이 별들이 초롱초롱 푸른 빛으로 반짝인다.

좀 더 가까이서 별을 볼 수 있다면
히말라야는 못 가도 산 위 5천 미터쯤 올라가서
맑은 날 별을 보면 더 잘 보일 텐데….
아니, 더 욕심을 부리면 인공 위성을 타고 달에 내려서
별을 볼 수 있다면 훨씬 가까이 볼 수 있을 텐데….

내 생에 달 가기는 틀렸고,
6월에 콜로라도 일정이 잡혔는데
그곳 산속 천문대를 찾아서

꼭 별을 더 가까이 느끼고 와야지.

어린아이가 죽어서 하늘의 별이 되었다는 전설이 있다.
아무 때 묻지 않은 순수한 아이이기 때문에 별이 될 수 있었겠지.
왜 나는 어린아이도 아니면서 별을 좋아할까?

한밤 온 세상이 잠든 밤에 뒤뜰에 나가 별을 보고 있노라면
영혼이 더없이 맑아진다.
혹시 낮 시간에 어떤 추한 생각을 했더라도
이 시간만큼은 한 점 부끄럼 없는 영혼이 된다.

그래, 그 영혼이 별과 가장 가까운 거야.

창조주는 그 별을 가늠할 수 없이 큰 공간에 떼어 놓으셔서
그 큰 물체가 이 땅에서는
반짝이는 아주 작은 별로 보이게 하는구나.

오늘도 별을 스치는 바람이 서늘하다.
별은 지구를 찾아와
인간들의 모든 추함과 부끄러움과 미움까지 거두어 간다.
별을 보고 있노라면 내 영혼까지 시원하다.

안 보이면 없는 것일까요?

너무 피곤하여 초저녁 일찍 잠이 들었다가
새벽 1시쯤 잠이 깨어 뒷마당에 나갔습니다.

반가운 왕별이 유난히 크게 떠 있고
주위에 그보다 작은 별들이 반짝입니다.
그런데 평소보다 별이 많이 보이지 않습니다.
하늘이 약간 흐리기 때문이겠지요.

자세히 보면 보일락 말락 한 수많은 별들이 있습니다.
보일락 말락 한 별들도 있지만,
아예 내 눈에는 안 보이는
더 수많은 별들이 있다는 것을 압니다.
맑은 날 높은 산에 올라가거나
천문대에 가서 망원경으로 보면
수많은 셀 수 없는 별들이 있다는 것을 압니다.

내 눈에 안 보인다고 없는 것이 아닙니다.
내 눈에 안 보여도 수많은 별이 있다는 것은
믿음으로 아는 세계입니다.

수많은 별을 창조하신 이도
그의 작품도 눈에 안 보이지만
믿음으로 아는 세계입니다.

문득 마치 성경은 그 하나님을 보여주는
천문대의 망원경 같다는 생각을 했습니다.
안 보인다고 없는 것이 아닙니다.
너무 멀리 있어서
우리가 비행기를 타고도 가 볼 수 없는 곳이지만
저 멀리 높은 하늘에는 지구보다 더 큰 별들이
수없이 존재하고 있습니다.

지금 눈에 안 보이는 그리운 사람,
정말 마음을 다하여 사랑하고 싶은 사람,
그 사람도 어딘가에 있을 것이라고 믿고 싶습니다.
오늘은 보일락 말락 한 그 별이,
없는 듯 있는 그 별이
더욱 소중하게 느껴집니다.
잘 안 보인다고 없는 것이 아닙니다.
어쩌면 잘 안 보이는 그것이
우리가 놓치는 더욱 소중한 것일 수도 있습니다.

가깝다고 좋은 것은 아니다

달빛이 환하여 뒷마당에 나섰습니다.
반달보다 조금 커진 달인데
오늘 따라 유난히 뒤뜰을 환하게 비추입니다.
하늘이 맑은 때문이지요

잠시 달을 보고, 달빛이 머무는 뒷마당 나무를 보다가
시선이 별들로 옮겨 갑니다.
우리 눈에는 별들의 밝기와 크기가 달에 미치지 못하지만,
신비하고 영롱한 빛을 띄고,
멀리 있어서 작게 보일 뿐
사실은 달보다 훨씬 크고 온전하다는 것을 압니다.

지구에서 가장 크게 보이는 별은
샛별이라고 불리는 금성입니다.
태양계를 도는 두 번째 별이지요.
실제로는 목성보다 작은 별이지만
태양의 빛을 많이 받아 잘 보입니다.

은하계에 존재하는 수천억 개의 별 가운데

우리가 맨눈으로 볼 수 있는 별들은 잘해야
수천 개 정도입니다.
그것도 비가 오지 않고 구름이 없는 날
차가운 겨울 밤 하늘에서야 더 잘 보입니다.

태양계를 벗어난 은하계에 떠 있는 별 가운데
가장 빛나는 시리우스,
전기가 발명되기 이전에 인간에게 밤길을 안내했던 북극성은
1년 중 항상 밝게 빛나는 별입니다.

사람은 가깝게 눈에 보이는 것만 좋아하고
그것만이 전부인 것처럼 행동할 때가 있습니다.
멀리 있는 별은 작게 보이지만 사실은 큰 별이듯이
멀리 있는 것이 더 귀하고 값진 것일 수도 있음을 알아야 합니다.

달은 가까워서 환하게 밤을 비추지만 별은 아닙니다.
우리 영혼이 언젠가 먼 여행을 떠날 때
나는 달이 아니라
별 중의 하나일 거라고 믿고 있습니다.

가까이 있어서 친한 사람도 필요하지만
멀리 있어서 만나지 못해도
나를 조용히 응시해 주는 누군가도
내게 중요한 존재입니다.

아직 찬 기운이 느껴지는 봄 새벽녘 하늘에
너무 멀리 있어 때로 희미하게 보이는
이름 모를 수많은 별들이
이 밤하늘을 지키며
우리를 변함없이 비추어 주고 있다는 것을
그저 축복이라고 여기고 싶습니다.

가깝다고 좋은 것만은 아닙니다.
멀리 있어도 그리움만으로
충분히 아름다울 수 있습니다.

나이 듦이 고맙다

지난 금요일, 토요일에 짧은 댈러스 여행을 다녀왔습니다.
가는 길에 센터빌(Centerville)의 Woody's에 들어
Quail(메추라기 고기)을 늦은 점심 식사로 먹었습니다.
세 마리를 시켰는데(한 마리에 2.95달러) 작아 보였지만
내게는 알맞은 양이었고, 역시 담백하고 맛있었습니다.

이번 댈러스 여행은 몇 번 초청을 받았지만
처음으로 참석한 모임이었는데,
모인 분들은 미국 각지에서 오신 젊은 층보다는
주로 70세에서 85세까지 연령이었습니다.
그런데 70세 이후의 분들이 모두 정정하고
현역으로 활동하고 있는 모습에 놀랐습니다.
80여 명 가운데 미국인들이 약 3분의 1이었기 때문에
공식 모임은 모두 영어로 진행되었는데
1세대인 그분들이 영어도 아주 잘하셨습니다.

이전 같으면 손자나 돌보고
자녀들에게 의존하면서 쓸쓸히 여생을 보낼 나이인데,
아직도 학생들을 가르치며

현역으로 활동하는 모습이 아주 보기 좋았습니다.
특히 그분들은 한국의 국기와 정신을 미국 땅에 심었다는 자부심과
또 그 사명을 이루기 위한 더 큰 목표를 향해 나아가고 있었습니다.

나이를 뛰어넘어 젊게 사는 모습이 내게 도전이 되었습니다.
나는 70에 은퇴하고 한 1년 동안 여행을 실컷 하고
그러고 나서 하나님이 허락하시면
그때라도 선교사로 헌신해야지 생각했는데
인생에 은퇴란 없다는 생각이 들었습니다.

얼마 전에 김동길 교수님이 이런 제목의 책을 내셨습니다.
《나이 듦이 고맙다》
옛날 어르신들은 나이 드는 것이 서럽다 그러셨는데
이분은 오히려 나이 듦이 고맙다고 하십니다.
책을 낸 2015년이 88세이셨으니 지금은 90세가 되셨겠네요.

사람은 왜 떠나가야 할까요?
누구나 자신에게 주어진 사명을 다 이루면 가야 한다는 결론 속에서
노년의 시간이란
그 사명을 완성해 가는 귀한 시간임을 깨닫게 되었다고 했습니다.
물론 숙제를 완벽하게 다 풀고 가는 사람은 없겠지만
우리가 살아 있다는 건
우리가 풀어야 할 숙제가 남아 있다는 뜻이라고 말합니다.

그러면서 교수님은 이렇게 결론을 맺습니다.
"나이가 들어도 사랑이라는 내면의 빛을
누군가에게 뿜어내며 사는 일에 마음을 두십시오."

나이 듦이 고맙다는 고백은
흘러간 세월을 후회로 바라보지 않고
다가올 시간들을 흐트러짐 없이
사명으로 채워 갈 수 있는 사람들이 할 수 있는 독백입니다.

70세쯤 되면 일을 더 해도 되고, 여행을 떠나도 되고,
혹은 조용히 손자들을 봐주는 여생을 보낼 수도 있습니다.
어떤 상황이든 그것이 내게 주어진 작은 사명이고
사람을 사랑하는 일이라는 것을 알 때
나이 듦이 서럽지 않고 고마울 수 있다는 생각을 합니다.

나는 아직 나이 든 중년이지만
'더 사랑하며 살 걸' 하는 뉘우침만 있을 뿐
다른 아쉬움은 없습니다.
그리고 오는 날들을
'내게 주어진 작은 소명을 이루며 살아야지'
하는 다짐을 합니다.

김동길 교수님이 말하듯이
나이 드는 것은 누구나 꼭 한 번 해야 할 공부입니다.

이번 짧은 댈러스 여행에서 만났던 많은 분들,
특히 같은 식탁에 앉아 삶의 이야기를 나누었던 분들,
나이가 들었지만 멋진 턱시도를 입고 까아만 나비 넥타이를 매고
영어로 회의를 진행하지만,
건배사는 미국인들과 함께
"위하여"를 한국말로 크게 외치던 선배님들에게
사랑과 존경의 박수를 보냅니다.

이 글을 마치고 잠시 밖을 나와 보니,
하늘에 구름이 잔뜩 끼고 빗방울이 한두 방울씩 떨어지고 있습니다.
그 구름 사이로 달이 간혹 얼굴을 내밀었다 숨는데
별은 하나도 보이지 않습니다.
그러나 나는 압니다.
저 구름 뒤에 수많은 별들이 빛나고 있음을.
그 별들은 나이가 들지 않고,
언젠가 우리가 여행을 마치고 하늘로 돌아가는 날
뜨거운 박수로 우리를 맞아 주리라는 것을….

구름이 가려도

피곤하여 일찍 잠자리에 들었다가 깨니 밤 12시 30분이다.
따뜻한 물 한 잔을 마시고,
시원한 공기를 호흡하러 뒷마당에 나섰다.

보이는 것이 희미하여 하늘을 보았더니 의외로 보름달이다.
만약 구름이 끼지 않았다면 휘영청 밝아
나무와 잔디를 환하게 비출 터인데,
구름이 가려 그저 희미하게 달빛이 머문다.
달에서 멀지 않은 곳에 왕별이 하나
그것도 평소보다 밝지 않게 떠 있고,
다른 별들은 보이지도 않는다.

무언가가 가려 버리면 제대로 볼 수가 없다.

10여 년 전 샌프란시스코에서 출발해 새크라멘토를 거쳐
타호 호(Lake Tahoe)를 간 적이 있다.
산길을 돌아 타호 호에 이르러 바로 눈앞에 호수가 펼쳐졌을 때
새로운 하늘 새 창조를 본 것 같은 환희가 있었다.

해질 무렵 호수를 출발하여 새크라멘토로 향했는데,
산을 내려오자마자 짙은 안개가 끼어 시야를 가렸다.
하도 안개가 짙어서 차에 헤드라이트를 켜고 달려도
5미터 앞이 보이지 않아 차들이 기듯이 천천히 갔다.
좀 지나면 괜찮겠지 생각했는데,
1시간을 달려도 그대로여서
할 수 없이 가까운 모텔을 찾아 하룻밤을 보내야 했다.
그런데 다음날 아침 일어났을 때 언제 그랬느냐는 듯이
안개는 다 사라지고 환한 태양이 비추고 있었다.

구름과 안개가 가리면 해와 달과 별을 제대로 볼 수가 없다.
강한 햇빛이 비치면 힘없이 사라지는 안개라도
몇 시간 동안은 차와 차 사이, 사람과 사람 사이를
갈라놓는 것을 보았다.

나의 장인 되시는 어른은 젊은 날 큰 사업가이셨다.
부산에서 고무공장을 창업하고
태화고무 말표 고무신을 만들어 돈을 많이 버셨다.
나는 어렸을 때 집안 형편이 어려워 중학교를 못 가고
호남의 어느 신발가게에서 말표 고무신을 파는
가게 점원으로 일한 적이 있는데,
나중에야 장인이 그 회사 사장이었다는 것을 알고
집사람과 크게 웃었다.
그런데 고집이 세신 장인은 홍콩과 무역을 하다가

사업이 기울었고,
나중에는 막내 아들이 사는 미국에 오셔서 살다가
쓸쓸히 돌아가셨다.

장인이 쓸쓸하게 여생을 마친 것은
마음에 뭔가 가리운 것이 있어서였던 것 같다.
특히 당신의 처갓집 식구들을 향해
'내가 잘나갈 때 그렇게 많이 도와주었는데
너희들이 나한테 그럴 수 있어?' 하는 생각이 강해서
사람들과 인연을 끊고 사셨다.

한 시간 후 다시 밖에 나와 보니 달빛이 조금 더 밝아졌다.
하나밖에 안 보이던 별이 몇 개로 늘었다.
나무와 이제 막 피기 시작한 꽃들이 달빛 아래 은은하다.
하늘의 구름이 더욱 엷어진 때문이다.
이 구름이 다 걷히고 나면,
내가 다시 잠자리에 든 후에라도
보름달은 환하게 세상을 비출 것이다.

사람들과의 관계에 문제가 생기는 것은
구름과 안개처럼 가리운 것들 때문이다.
서운함, 오해, 이기심 등 우리 사이에 가리운 안개를 걷어 내고
민낯으로 만나면,
체면과 자존심과 서운한 감정이

한결 나아지지 않을까?

달과 별을 가리는 구름도
시야를 가리는 안개도 시간이 지나면 사라진다.
사람과의 관계도 대개는 시간이 지나면 풀어지지만
내가 좀 더 빨리 태양 앞에 다가서면
그만큼 관계는 훨씬 밝아진다.
그리고 받아들이게 된다.
그가 내게 잘못했을지라도
"너 이제 다시는 안 봐!"
이것은 우리가 가질 태도가 아니다.
구름과 안개는 잠시는 강해 보이지만 사실은 실체가 없다.
미움의 감정도 그렇게 풀어 버릴 수 있었으면 좋겠다.
우리는 영혼을 가진 귀한 존재이므로.

이제 새벽 2시,
다시 잠자리에 들 시간이다.
새로운 아침을 설렘으로 맞이하기 위해….

하회탈 같은 저 달아!

새벽 5시 15분, 밖에 나와 보니
초저녁에 보던 밝은 샛별은 서쪽 하늘에 와 있고,
보름달에서 약간 모자란 5분의 4쯤 되는 하얀 달은
중천에서 서쪽으로 기울어 있다.

그런데 오늘따라 그 얼굴 모습이 특이하다.
옛 조상들은 토끼가 산다고 하고
계수나무가 박혔다고 했는데,
지금 내가 보는 달의 얼굴은 마치 순진한 하회탈 같다.
동쪽 하늘을 올려다보며 어줍은 듯 미소 짓는 하회탈,

달은 밝든 밝지 않든 세상을 비춘다고만 생각했는데,
달도 누군가를 올려다보며 도움을 바라는 모습이다.

달이 커 보이지만 별보다 훨씬 작고,
별이 아름답다고 생각했는데,
그 달도 사랑하기로 했다.
하회탈처럼 순진한 달,

아무렇지도 않고 예쁠 것도 없는 사철 발 벗은 아내를
정지용 시인이 사랑하듯이,
다 컸다고 생각하는데
외식을 하면 내가 지갑을 더 많이 풀어야 하는
아들을 사랑하듯이,
내가 전화하지 않으면 목소리도 자주 들을 수 없는
한국에 두고 온 친구를 변함없이 그리워하듯이,

달을 있는 모습 그대로 사랑하기로 했다.
스스로 빛을 발하지 못하고
남의 도움을 받아야 하는 저 달을
순진한 모습 그대로 사랑하기로 했다.
하늘의 빛나는 별들이 오늘 따라 달을 보호하고
응원하는 것 같다.

그가 건강할 수밖에 없는 이유

아침을 먹는다.
특별하지 않은 빵과 커피 한 잔,
구운 베이글에 크림 치즈를 발라서 부드러운 커피 한 잔과 함께.
시금치와 케일, 그리고 오가닉 새순(Baby Spring Mix)을 갈아
진한 야채 주스 한 잔을 마신다

그는
짧은 바지를 입고 헬멧을 쓰고 자전거를 탄다.
굳이 경주용이 아니어도 되지만,
새로 산 자전거는 스피드를 즐길 수 있어서
더 힘차게 달려 종아리와 허벅지 근육이 튼튼해지는 것을 느낀다.

오전에 서너 시간 일을 하고 한식으로 점심을 먹는데,
메뉴는 청국장이나 추어탕같이 고기와 친하지 않은 음식이다.
잠시 인터넷 신문을 보고,
처칠 경이 말한 대로 한 시간 낮잠을 잔다.
낮잠은 건강을 지키는 비결이요,
저녁에 두 시간을 버는 일이다.

그는 오후에 네 시간 일을 하고,
저녁 식사는 생선이나 김치를 좋아하고 과식하지 않는다.
후식은 과일이나 건포도, 약간의 아이스크림,
때로는 커피 한 잔이다.

저녁이 되면
아내와 함께 책을 읽거나 TV를 보고
잠들기 전에 잠시 걷거나
자전거를 타며 유산소 운동을 한다.
일주일에 한 번 아내는 헬스장에서,
그는 땀에 흠뻑 젖을 만큼 테니스를 한다.

그리 특별할 것 없지만 그래도 건강하다.
담배는 원래 피우지 않고
술은 젊을 때 잠시 마셨으나 지금은 멀리하고
마음은 항상 감사와 평안,
자연을 보면서도 낭만을 찾는다.
이것이 그가 건강할 수밖에 없는 이유이다.
사람을 만날 때 세월이 비켜 가는 것 같다는 칭찬이
그저 듣기 좋으라고 하는 말은 아니다.

그가 나일 수도 있고 다른 이일 수도 있다.
피곤하다고 느끼면 바로 잠자리에 든다.
여행을 오래 하려면 몸이 우선 건강해야 한다.

트림과 방귀

일주일 전에 UT Austin에 대자보가 하나 붙었다.
중국인들을 지칭하여,
너희들의 교양 없는 것을 교육시켜 줄 테니
어느 강의실로 언제까지 모이라는 내용이었다.
교양 없는 것들을 지적하는 것 중의 하나가 트림과 방귀를
사람들 앞에서도 절제하지 않는다는 것이었다.

이 대자보는 학교에서 문제가 되었고,
곧 아시안들을 인종 차별하는 것으로 규정이 되어
학교에서 공식적으로 사과를 하고
그 대자보를 붙인 사람을 처벌하고자 찾게 되었다.
찾아서 처벌했는지는 아직 알지 못한다.

요즈음 중국이 경제력에 힘입어 많은 학생들이 유학을 오고
그중에 공중 예의를 지키지 않은 학생들이 있었을 것이다.
이것이 불편한 미국 학생이 대놓고 조롱하고
인종 편견적인 발언을 한 것이다.

우리 아시안들은 트림과 방귀를 자연스런 생리 현상으로 이해하고

한 번씩 웃는 것으로 미안함을 표시하고 서로 웃고 넘어가지만,
미국인들에게는 그렇지 않은가 보다.

내가 미국에 온 지 1년쯤 되었을 때 영어를 배우기 위해
휴스턴 커뮤니티 컬리지 ESL 코스에 잠깐 다닌 적이 있는데,
수업이 끝나고 몇 명 학생과 같이 있다가
그만 큰 소리로 방귀가 나오고 말았다.
그런데 20대로 보이는 영어를 잘하는 흑인 학생 하나가
큰 소리로 웃으면서 나를 가리키며 무안을 주는 것이었다.
나는 창피해서 슬그머니 그 자리를 피하고 말았다.

같은 아시안이라도 중국 본토에서 온 사람들이
조금 더 신경을 안 쓰는 것은 맞다.
내가 일하는 곳에 한 아빠가 아이를 가끔 데려오는데
아빠는 마치 일하다 오는 노동자처럼
낡은 티셔츠에 반바지를 입고,
단정하지 않은 머리 스타일을 하고 온다.
혹시 형편이 어려운 사람인가 생각했는데,
그 부인을 만나 들어 보니 남편이 대학교수이다.
특별히 컴퓨터를 잘해서
다른 교수보다 연봉도 더 많이 받는 교수인데
신경을 안 써서 그렇다.

그 집 아들이 자폐증(autism)이어서

엄마가 기도를 많이 하고
아이 때문에 고생을 많이 하는데,
나중에 알고 보니
남편인 교수도 심하진 않지만 자폐증이라는 것이다.
알고 보면 사정이 있다.

트림과 방귀는 우리 아시안들에게는 큰 문제가 아니고
웃고 넘어가는 일이지만,
우리가 미국에 사는 이상
생리 현상도 조심해야 한다.
그것이 남에게 불쾌감을 주는 일이라면
내가 빨리 자리를 피하거나 참아야 하는 것이다.
나도 이 일에 약점이 많은 사람인데
식구끼리 있는 집에서도 조심하고 참는 연습을 해야 할 것 같다.

1990년 겨울, 처음 유럽을 여행할 때
스위스 제네바에서 프랑스 파리로 오는 TGV기차를 탔는데,
큰 눈이 와서 3시간 반 거리를
24시간 기차에 갇혀 있었다.
그런데 기차에 탄 유럽 사람들이 얼마나 잘 참고
조용하게 질서를 잘 지키는지 놀라웠다.
옆자리에 앉은 미색 코트를 입은 30대 초반의
프랑스 여자(May be)는 감기가 걸려 기침이 나오는데도
입을 가리며 기침 소리를 죽이고 있었다.

나는 미국이 인종 차별을 허용하지 않는
좋은 나라라고 믿고 싶다.
때로는 한국에서 가진 자가
못 가진 자를 향한 차별이 더 심하다.

미국에 사는 이상,
집 주위도 이웃에 누가 되지 않을 만큼 잘 정리하고,
서툰 영어지만 인사도 잘하고,
같이 봉사할 일이 있으면 커뮤니티 일도 협조하고
그러면 좋을 것이다.
테러의 위협만 없으면 다양한 인종을 포용하고
함께 살아가고자 노력하는 미국의 정신을
나는 이해하고 좋아한다.

토성을 도는 위성에
새 영체가 있다?

지난주 미국항공우주국(NASA)에서 중대한 발표가 있을 것이라는
예고가 있었다.
혹 외계인이라도 발견했는가 하는 기대가 컸으나
외계인은 아니고 토성을 도는 엔셀라두스에
생명체가 살 수 있는 물이 발견됐다는 소식이다.

토성 탐사선 카시니호가 토성의 위성 엔셀라두스 표면에서
지구의 간헐천(온수·수증기를 주기적으로 방출하는 온천)처럼
수증기와 얼음 조각이 분출된 흔적을 발견했다고
나사와 AP통신이 4월 9일 보도했다.
이에 따라 이곳에 물과 생명체가 존재할 가능성이 제기되고 있다.

1997년 발사되어 2004년부터 토성 궤도를 순회하고 있는 카시니호는
지난해 7월 엔셀라두스 남극 부근에서
거대한 수증기 기둥과 얼음으로 덮인 분출물을 촬영해 전송했다.
미국항공우주국과 유럽우주국 공동 탐사팀은
카시니호가 전송한 고해상도 영상을 분석한 결과
지하에 액체 상태로 존재하는 물이

강한 압력에 밀려 지표면을 뚫고 분출된 것으로 추정했다.
이 분석 결과는 10일 발간된 과학저널 〈사이언스〉에도 실렸다.

엔셀라두스 영상을 분석한 캐롤린 포코는
"물의 존재를 입증하는 직접 증거가 발견됐다" 하며
"이제 엔셀라두스는 우주생물학 연구의 최우선 대상이 됐다"라고
말했다.
그는 "이번에 발견된 분출물에는 메탄, 이산화탄소, 프로판 등 몇
몇 유기물이 들어 있다" 하면서 "생명체는 액체 상태의 물과 유기
물질이 있어야 존재하는데, 엔셀라두스엔 두 가지가 모두 있다"라
고 강조했다.

과학자들은 엔셀라두스에 생명체가 존재한다면
극한 상황에서도 살 수 있는 미생물이거나
아주 원시적 형태의 유기체일 것으로 추정하고 있다.
그러니 태양계 안에는 사람과 같은 영혼과 육체를 가진
생명체는 없다고 판명이 난 셈이다.

아직 탐사 수준이 겨우 태양계 안에 머물기 때문에
태양계 밖에 있는 별에 대해서는 생명체의 존재 여부를 알 수가
없다.
그러나 나는 창조주가 이 많은 별들을
단지 보기 좋으라고 지어 놓으셨다고 생각하지 않는다.

태양계에 있는 9개의 별 가운데 지구에 물이 있고 태양에 빛이 있어서
생명체가 살 수 있는 환경을 만들어 놓으셨다면,
태양계 밖에 있는 수많은 별들 가운데도
물과 빛이 있어서 생명체가 존재할 수 있는
별들이 많이 있을 것이라고 믿는다.
단지 너무 멀어서 우리가 가 볼 수 없을 뿐이고
아직은 하나님이 허락하지 않을 뿐이다.

안타깝게도 우리 세대에는 태양계 밖의 세계를 알 수 없을 것 같다.
다만 우리가 육신의 장막을 벗은 후에
어디나 빠른 속도로 날아갈 수 있는 자유로운 영혼이 되면
빛보다 빠른 속도로 우주를 날아 여행하며
놀라운 하나님의 나라와 신비로운 별과 생명체들을
볼 수 있는 날이 올 것이라고 믿는다.

새벽 하늘, 오늘도 별이 신비롭다.
하늘이 약간 흐려서 자세히 보지 않으면 놓치는 별들이 많다.
밤하늘의 셀 수 없이 많은 별들, 보이지 않는 듯 보이는
저 수많은 별들 가운데
우리와 같이 영혼을 가진 고귀한 존재가
꼭 살고 있을 것이라고 믿고 싶다.
그것이 낭비하지 않는 하나님이고
창조 때부터 있는 원대한 창조주의 뜻이 아닐까?

토머스 클레멘트
_ You are the best Choice

오래전 네댓 살 아이가 서울의 어느 골목에 버려졌다.
미군을 만나 사생아를 낳은 젊은 엄마가
혼혈아를 낳아 기른다는 질시를 이기지 못해 아이를 버린 것이다.
엄마는 아이에게 좋은 옷을 입히고 머리에 모자를 씌우고
꼭 껴안아 준 다음, 이제부터 돌아보지 말고
앞으로만 곧바로 걸어가라고 아들을 떠나보냈다.

그 아이는 입은 옷을 빼앗기고 거지가 되었고,
큰 아이들에게 두들겨 맞고,
한번은 혼혈아라고 아이들이 그 몸에 휘발유를 뿌리고
불을 질러 죽을 뻔도 하였다.

2년 후 감리교 선교사의 눈에 띄어 고아원에 맡겨졌고,
미군과의 사이에 낳은 고아들을 특별 입양하는
미국법의 혜택을 입어
7세 때 어느 미국 가정에 입양되어 미국에 왔다.

생일도 모르던 아이가 미국 가정에 입양된 날이

그의 생일이 되었고,
'토머스 클레멘트'라는 새로운 이름이 주어졌다.
그가 미국에 도착하던 날
양아버지는 장난감 트럭을 들고 공항에 나와 그를 맞이했다.
누나와 형, 동생이 있는 가정에서
그는 많은 사랑과 관심을 받고 자랐다.

바나나를 껍질째 먹던 아이,
첫 생일 때 어머니가 동네 친구들을 초청하여
생일 파티를 열어 주었는데, 친구들이 들고 온 선물을
누가 가져갈까 봐 걱정이 되어
방구석에 쌓아 놓은 선물을 지키느라
자신의 생일을 즐기지 못했던 아이,

그는 늦게 머리가 트여서 공부를 잘하고,
대학 졸업 후 의료기 회사에 취직하고,
그 분야에서 30여 개의 특허를 가진 과학자요,
나중에는 자신의 회사를 창업한 사업가가 되었다.

몇 년 전 양아버지가 90세의 나이로 돌아가시기 전
그는 병원을 찾았다.
어떻게 아버지를 기쁘시게 해드릴 수 있을까 생각하다가
그가 처음 미국 올 때 공항에서
아버지에게서 받았던 트럭을 가지고 갔다.

병상에 누운 아버지가 아들과 트럭을 번갈아 보시더니
"너는 나의 최고의 선택이었고,
그것은 내가 가장 잘 산 물건이었어"라고 말씀하셨다.
(The best, the best purchase in my entire life.)

이번에 그가 한국에 자그마한 동상 하나를 세웠는데,
현수라는 아이의 동상이다.
2013년 지적 장애가 있는 아이가 미국 가정에 입양되었는데,
말을 듣지 않는다고 양아버지가 폭력을 행사해서 죽은 아이.
그 아이의 소식을 듣고 너무 가슴이 아파
다시는 그런 불행이 없었으면 하는 바람으로
그는 손수 동상을 디자인하고
화가이며 조각가인 아내가 도와 그 동상을
미국과 한국의 고아원에 각각 세웠다.

나는 그의 인터뷰 기사에서 세 가지를 느꼈다.

첫째는, 누군가에게 "너는 나의 최고의 선택이었어"라는
말을 들을 수 있는 사람은
인생을 잘 산 사람이고, 행복한 사람이라는 것이다.

둘째는, 그는 어머니를 찾지 않는데
그것은 어머니를 보고 싶지 않아서가 아니라,
지금은 누군가의 아내가 되고 자식을 낳아서 살고 있을

어머니에게 갑자기 나타나서 곤란을 주기가 싫어서
찾지 않은 것이라고 했다.
그리고 어머니를 원망하지 않고,
어머니가 나를 골목에서 보낸 것은
더 넓은 세상을 향해 길을 열어 준 것이라고 믿는다고 했다.
그런 믿음이 오늘날의 그를 있게 했다.

셋째는, 그는 성공한 사업가로서 재산을 많이 가졌지만
그 재산을 쓸 줄 안다.
그것은 어릴 때 받은 생일선물을 지키기 위해
정작 자신의 파티를 즐기지 못했던
어리석음을 반복하지 않기 위해,
그는 돈과 재산을 지키기보다 인생을 파티로 즐길 줄 안다.
자신은 생모를 찾지 않았지만, 입양 보낸 자녀를 찾고 싶은 어머니와,
자신을 떠나보낸 생모를 찾고 싶은 사람들을 위해
100만 불의 사비를 들여 DNA 키트를 만들어 찾는 일을 도와주고
있다.

그리운 사람은 언젠가, 어느 별 아래서 만나게 되지 않을까?

내가 누군가에게 "너는 나의 최고의 선택이었어"라는
말을 들을 수 있다면,
누군가를 향한 내 선택이 최선이었다면,
그것은 행복한 삶이고 값진 삶이라고 믿는다.

외로움에 대하여

새벽 3시 30분, 잠이 깨어 뒷마당에 나서니
이른 밤 동쪽 하늘에 빛나던 큰 샛별이
서쪽 하늘 중간에 와 있습니다.
그 옆에 보일락 말락 한 수많은 별들도 따라 움직였습니다.

물론 별이 움직인 게 아니고 지구가 도는 것이지만,
옆에 있는 별의 모습은 바뀐 게 없습니다.
새벽 하늘에 빛나는 별,
잘 보이지 않지만 그 옆을 떠나지 않고 항상 그대로인 작은 별,
크고 작은 별은 항상 같이해 주는 친구가 있어서 외롭지 않습니다.

대통령도 임기 말이 되면 외롭다는 기사를 보았습니다.
임기 초에는 식사 한 끼라도 하고 싶어서 난리이던 사람들이,
임기 말이 되면 불러도 "왜 이제야 불렀느냐"라고 화를 낸다고 합니다.

큰 교회를 담임하는 친구 목사가 있는데,
성도가 많아도 사실은 늘 혼자이고 외롭다고 합니다.

외로움은 때로 아픔이 되고 서글픔이 됩니다.

저희 장인 어른은 사업이 잘될 때는 주위에 사람이 많고
도와준 사람도 많았지만
사업이 망하니 사람이 다 떠나고,
노후에는 어느 바닷가에서
낚시만 하시다가 쓸쓸히 생을 마감하셨습니다.
나이 드신 어르신들이 외롭지 않도록 마음을 써 드려야 합니다.

내 친구의 아들은
청년기에 여자 친구가 없어서 외로움을 많이 타고
그것이 작은 병이 되었는데,
마음이 넉넉하고 쾌활한 좋은 사람을 만나 결혼하더니
안정이 되고 병이 싹 나았습니다.
외로움을 타는 자녀들에게 잘해 주셔야 합니다.

우리 부족한 인간들은 말은 안 하지만
속으로는 서로 내가 더 외롭다고 외칩니다.
당신이 나의 외로움을 아느냐고 탄식합니다.
그래서 우리와 항상 함께하시는 분이 있음을 믿는 것이 중요한데,
때로는 그것만으로도 외로움이 다 해결되지 않습니다.

외롭지 않은 것은 별밖에 없습니다.
환하게 빛나는 큰 별 주위에 작은 별들이 많이 있고,
자세히 보면, 그 작은 별 주위에 보일듯 말듯
더 작은 별들이 셀 수 없이 많습니다.

때로는 하늘에 검은 구름이 끼고 비바람이 몰아쳐도,
별들은 구름 뒤편에서 서로를 떠나지 않고 부둥켜안으며
그 자리에 있습니다.
항상 그 자리를 떠나지 않습니다.

그래서 별은 외롭지 않습니다.

나도 외로움을 타기보다
차라리 내가 아주 작은 별이 되어
외로움을 타는 사람을
지키는 자가 되어야겠다고 생각합니다.

가리운 것 없이

새벽하늘 공기가 차다.
지금쯤 휴스턴은 무덥고 뜨거운 날씨가 시작될 터인데,
오히려 새벽하늘 공기가 쌀쌀하다.

하늘에는 구름이 없고 반달을 조금 지난 달이 밝고
별은 조용히 아름답게 청명한 느낌으로 빛난다.

별이 저리 환하고 청명하게 비추는 것은
구름이 가리웠기 때문이지만
또 하나는 별과 나 사이에 끼인 것이 없기 때문이다.
중국은 황사먼지가 별을 가리우고,
공장지대에서는 검은 연기가 별을 가리운다.

휴스턴 북쪽 우드랜드,
나무가 많은 동네에서
가리운 것 없이 별을 그대로 볼 수 있다는 것도 축복이다.

사람과 사람 사이도 가리운 것이 있으면 제대로 보이지 않는다.
그러리라는 편견, 받아들일 수 없는 습관,

피부의 색깔까지도 때로 가리움이 된다.

어린아이의 마음으로 별을 보듯이,
전혀 오염되지 않은 새벽하늘에서 별을 만나듯이,
깨끗하고 청정한 마음으로 사람을 보리라.

그래서 이해하고,
네가 내게 상처를 준 게 아니라
내가 더 미안했다고 말하고,
어쩌면 내가 받은 게 더 많다고 말하고,
내가 하늘에서 받은 축복만큼
너도 더 잘되기를 바란다고 마음으로 빌어 주고,

우리는 비록 헤어져 있지만,
마음에 끼인 것 없이
처음 만났던 신선함으로
깨끗한 공기를 지나 별을 만나듯이
그렇게 축복하는 마음으로 살아가자고 말하고 싶다.

오늘도 새벽하늘 시원한 바람이 별에 스치운다.

놀기가 더 힘들다는
어느 나이 든 청년의 고백

"내가 80에 한 1년 놀아봤는데 놀기가 더 힘들어."
80에 1년을 놀아보고, 그리고 다시 열심히 인생을 살았다면
지금의 나이는 얼마쯤 되었을까?

그분은 현재 97세이다.
허리가 꼿꼿해서 지팡이가 필요 없고 보청기도 필요 없고,
시력도 좋아 글을 읽거나 쓰기에 불편함이 없다.
남들에게 흔한 성인병도 없다.

하루에 한 시간 정도 산책을 하며 글이나 강연을 준비하고,
2층 집에 혼자 살면서 계단을 자주 오르내리는 것이 운동이다.

연세대 명예교수인 김형석 교수님 이야기이다.
그는 철학자이지만 어려운 철학보다
쉬운 수필을 많이 써서 대중에게도 친근한 분이다.

아직도 여러 곳에서 일주일에 세 번 정도 강연을 하시고
작년에 쓴 책 《100세를 살아 보니》라는 책은

10만 부 이상 팔려서 인세 수입도 쏠쏠하다고 한다.

미국에 있는 딸이 "아들 딸 사위는 다 은퇴해서 집에 있는데
아버지 혼자 일하시니 밥값은 아버지가 내세요" 할 만큼
경제적인 여유도 있다.

인생을 100세 가까이 살아본 분이라면 배울 것이 있겠다 싶어
인터뷰 기사를 자세히 보았는데, '행복론'을 쉽게 풀어 말하기를,
60의 성능을 타고난 사람이
70의 성취를 이루었다면 성공한 사람이고,
90의 가능성을 타고났는데
70에 머무르면 실패한 사람이라고 했다.

성공한 사람이 행복하다는 공식도 맞지 않다고 하는데,
일례로 자기 손녀가 미국 MIT를 나와
남들이 선망하는 애플사(Apple)에서 일하고 있는데,
무한 경쟁 때문에 힘들어하고 행복하지 않다는 것이다.

나는 그리 머리가 뛰어난 편은 아니고
가정 형편도 어려워서 60의 성능을 타고난 쪽인데,
지금도 서너 가지 일을 하고 있으니 나름대로 성공한 쪽이고,
무한 경쟁에 시달리지 않으니 행복한 편이라고 해야 할 것 같다.

'70이 되면 은퇴하고 여행이나(?) 다녀야지' 생각했는데,

97세에도 일하시는 분을 보니 더 일하고 싶은 생각이 들고,
노는 것이 더 힘들다고 하니
일하는 것이 힘들다는 불평도 버려야겠다는 생각이 든다.

몸이 나이를 언제까지나 속일 수는 없지만
생각이 늙는 것은 삶에 따라 다르다.
그분은 1920년생 97세이지만 일을 즐기는 생각은 청년이다.
도산 안창호의 강연을 듣고,
86세 된 정진석 추기경을 제자로 둔
3세대(Generation)를 넘게 산 분인데,
생각은 청년이니 얼마나 멋진가.

별이 아름다운 것은
사람이 아름답기 때문이라는 생각이 문득 든다.

언젠가 나도 한 1년쯤 쉬면서 여행을 할 때,
단순히 경치를 보는 여행이 아니라
그곳의 사람을 만나고, 잘 살아 낸 인생의 흔적을 발견하고,
그들의 행복과 아픔을 만나고 싶다.
그리고 그들의 얼굴에 나타난 살아온 삶의 연륜을
카메라에 담아 오리라는 생각을 한다.

90이 넘어도 생각은 늙지 않는다는 희망에 가슴이 뿌듯하다.

시 한 방울

시 한 방울도 없이
어찌 66번째 가을을
타호 호에 빠뜨리려 하는가.
아련히 가슴에 시의 냄새가 살아난다.

- 김남희라는 여행작가가
  이 새벽 문득 내 외로운 등을 타고
  시 한 모금을 불러낸다.

푸르던 감이
오렌지 색을 띨 때즈음

뒷마당에 감이 익어 간다.
푸르던 감이 엷은 오렌지 색을 띨 때쯤
가을은 어느새 문 앞에 와 있다.

시 한 줄 못 쓰고 20년이 지나갔다.
생활이 나를 속인 것도 아닌데 묶여 살았다.

집도 남편도 아이도 없는
여행만이 그녀의 삶인 한 여자가
이 생에서 못하면 다음 생에라도 쓰겠노라 갈망하던

그 시를

나는 생활의 무게로 팽개치고 있었다.

가을이 바람으로 나를 부를 때,
나는 자그만 속삭임으로 다가가리라.

별이, 별들이 내게 정다운 미소를 보낼 때
나는 기쁨의 노래로 환호하리라.

그 속삭임이, 환호가
시가 되어
누군가의 가슴에 따뜻한 울림으로 퍼지면 좋겠다.

가을 냄새에 다시 가슴이 두근거린다.
그래, 이제 시작이다.

가부라키
_ 보람 있는 삶의 여행

멋지게 삶을 살아 낸 이들을 보면 가슴이 가을바람처럼 시원해지고
감동의 눈물이 난다.
다 같이 고귀한 인간이지만
모두가 감동적인 삶의 여행을 하는 것은 아니다

가부라키는 이름에서 보는 대로 일본인이다.
대학에서 영문학을 공부하고 수녀가 되고 싶었던 그녀는,
일본에 왔던 한 한국 신부님의
'영어를 할 줄 아는 자원봉사자가 필요하다'는 이야기를 듣고
안양 나사로 마을에 봉사를 왔다.

한일 관계가 그리 좋지 않던 시절, 집안의 기대를 뿌리치고
한국의 한센병 환자들이 모여 사는 마을에 봉사를 온 것이다.
3년이 지났을 즈음,
서울대 의대생으로 그곳에 봉사를 온 이종욱 학생을 만난다.

가부라키는 이종욱이 환자를 정성으로 치료하는 것을 보았다.
그리고 이종욱은 가끔 가부라키의 방에 들러

"무슨 음악을 좋아하세요?" 하고 물었다.
그렇게 사랑이 싹터서
그들은 이종욱이 의대를 졸업하던 해 결혼했다.

이종욱은 남태평양의 작은 섬 사모아로
열악한 환경에 처해 있는 환자들을 찾아 떠나고,
몇 년 후 세계보건기구(WHO) 직원이 되어 피지 섬으로 간다.
소아마비 환자를 줄이는 백신을 개발하고,
결핵 환자들을 많이 치료하여
백신의 왕, 아시아의 슈바이처로 불린다.

가부라키는 그의 충실한 아내로 살다가
이종욱이 마침내 2002년 세계보건기구의 수장이 되어
제네바에 왔을 때, 자신도 뭔가 보람 있는 삶을 살고자
남편과 떨어져 페루에 가서 봉사 활동을 시작한다.
생계가 어려운 홀로 된 여인들에게 뜨개질을 가르치고,
생산된 제품의 판로를 개척하여 그들의 삶을 돕는 일을 하였다.

WHO는 UN 산하 기구로서 전 세계에 직원 1만 명을 둔 단체이다.
이종욱 부부는 사모아에서 피지를 거쳐 제네바에 올 때까지
집 한 채 없이 작은 아파트에 살았다.
WHO의 사무총장이 되고서도 작은 차를 타고
3년 반 동안 60개국을 방문하는 동안 1등석을 마다하고
돈을 아껴 한 푼이라도 더 예산이

가난한 나라의 어린이들 치료에 돌아가도록 애쓴 거인이다.
그의 임기 동안 100만 명의 아프리카 어린이들의 에이즈를
치료하였다.

2006년 이종욱은 1년 반의 임기를 남기고
과로로 쓰러져 다음날 숨졌다.
남편을 더 잘 보살피지 못한 후회가 있었지만,
가부라키는 페루로 돌아가서 지금까지 11년 동안
어려운 형편에 있는 여인들을 돕는 일을 하고 있다.

내 며느리가 사모아에서 간호사로 일할 때
많은 환자들이 닥터 리를 아느냐고 물었다고 한다.
한국 여행객들이 피지를 가면 닥터 리, 그리고
그의 아내 가부라키를 아느냐고 묻는다고 한다.

가을이다. 포도 열매가 영글고, 감이 주황색으로 무르익고
하늘은 파랗게 물든다.
별은 더 가까이 다가온다.

원래 사랑할 수밖에 없는 자기 가족을 뛰어넘어,
내가 모르는 누군가를 위해서도 내 삶을 나눌 수 있는
보람있는 삶을 위하여,
한 걸음 더 나아갈 수 있는 계절이 되었으면 좋겠다.

낭만에 대하여

낭만은
프랑스 남부 도시 아비뇽에만 있는 것은 아니다.
전주 한옥마을 길거리에도 있고,
어스틴 강가 커피집 모차르트에도 있고,
우드랜드 파빌리온 콘서트장에도 있다.

낭만은
파릇 나긋한 20대 청춘에만 있는 것은 아니다.
아이들을 다 키운 엄마가 외출할 때 입는
한 줄기 치마자락에도 있고,
60대 신사의 등산 배낭에도 있다.

김광석의 낭만을 그 보기 싫은 아내가 부숴 버렸다.
낭만이 부숴지는 것은 멀리 있는 사람 때문이 아니다.
일상은 내게 꿈에서 나오라고 말하지만
나는 오늘도 낭만의 날개를 단다.

그것이 내 삶에 피어나는 향기이고
여행을 떠나는 이유이다.

여행에서 만나는 것은 경치뿐만이 아니다.
거기엔 다른 모습의 사람들이 있고
잘 볶아 낸 커피같이 구수하게 살아 낸 모습들이 있다.

가을 밤 너무 멀리 있는 별에 다가가진 못해도
어디론가 다시 떠나고픈 여행 계획을 세우며
낭만의 솔깃함을 가슴에 부른다.

파아란 하늘에 자리한 그대는

가을 하늘의 매력은 파란 하늘이고,
밤이 되면 별이 잘 보인다는 것이다.
새벽 별이 밝지만,
오늘 밤은 11시 정도인데도
별이 환하게 보인다.
그런데 새로 발견한 것은,
추석이 가까워
반달이 조금 넘어선 달 주위에는
별들이 보이지 않는다는 것이다.
밝은 달이 오히려 별의 밝기를 넘어서
별이 보이지 않는 것이다.

달 주위에 별이 보이지 않지만
달보다 더 큰 별이 셀 수 없이 많이 있고,
저 많은 별들을 창조주가 그냥 쓸모없이
거기 두지 않았을 것이라는 것을 안다.
인간의 사후 세계를 우리는 가 보지 않았지만
밤하늘의 별처럼 거기 있을 것을 믿는다.

별을 보면서 상상해 보는 것은,
별은 과연 얼마나 크며,
거기에는 무엇이 살까 하는 것이다.
우리가 가게 될 사후의 세계를 확실히 알 수는 없지만
반드시 새로운 세계에 이르게 되리라는 것이다.

단지 과학자들의 설명을 덧붙이지 않아도,
윤동주 시인이 별을 헤던 그 마음으로 언젠가
우리가 육신의 옷을 벗고
영혼이 날개를 달아 자유로워지는 날
신기하고 영롱한 별나라에 이르리라는 것을.

그것을 성경 기록자들은 '하나님의 나라'라고 부르고,
창조주가 질서를 세워 이끄는 '영혼의 나라'라고 말한다.
보석같이 빛나는 영혼의 세계,
그것은 하늘에서 온 누군가를 만난 사람에게 주어지는 축복이다.

가을이 깊어가는 계절에
내일 밤은 숲속에 들어가
좀 더 가까이 별을 보고 느끼고 싶다.
몇 년 후에는 별이 가장 잘 보인다는
볼리비아 또는 사하라 사막에 가서
창조주와 가까이 얼굴을 대하듯
민낯으로 별을 마주하고 싶다.

세상은 오염되고 탁하고 부끄럽지만,
별은 항상 깨끗하고 사랑스럽고 진실하다.
별의 맑음으로 세상의 더러움을,
나의 오염된 것을 깨끗이 씻어내고 싶다.

이 밤도 별이 말없이 반짝인다.

나는 더 미국인이어야 하는가

어쩌다 송편도 먹지 못하고 추석을 보냈습니다.
추석날 밤에는 하늘이 흐려 달을 제대로 보지 못했는데,
목요일 새벽 일찍 뒤뜰에 나갔더니
서쪽 하늘에 둥근 달이 환하게 웃고 있습니다.

한참을 서서 둥근 달을 바라보다
달빛에 비친 감을 하나 따서
집안에 들어와 감을 먹으며 잠시 고향 생각을 했습니다.

어렸을 때 나의 고향은 가난했으나 정겨운 곳이었습니다.
마을 한가운데를 흐르는 실개천과
마을 앞 넓은 들판을 가로질러 흐르는 큰 시냇물에는
많은 물고기들이 살고 있었습니다.
그 길을 따라 우리는 학교를 오고 갔는데, 그곳은
학교에서 돌아오면서 미역을 감는 놀이터였습니다.

뒷동산에는 감나무, 복숭아나무, 자두나무들이 자라고
산에 가면 토끼를 자주 보았는데,
운이 좋으면 고라니도 만났습니다.

해마다 추석이 되면 송편 빚는 어머니들의 손길과
친구들끼리 누군가의 집에 모여
수줍은 얼굴로 오락을 하고 놀던 시절이 있었습니다.

미국에 와서도 가끔 고향 꿈을 꾸곤 하였습니다.
왠지 어릴 때 놀던 옛 고향이 아닌
개발이 되어 발전된 고향의 모습이었습니다.
실제로 미국에 오고 10여 년 뒤 고향에 가 보았는데,
도시 사람이 와서 골프장을 세워서 실개천은 말랐고
아는 사람도 별로 없어,
옛날에 느끼던 그런 인심 좋은 고향이 아니었습니다.

시인 정지용 님은
얼룩백이 황소가 해설피 울음을 짓는 '향수'를 노래했는데,
실제로 그립던 고향에 가 보니
그리던 고향은 아니더라는 고백을 했습니다.
그래도 내 의지와 상관없이 고향이 꿈에 자주 나타나곤 했는데,
몇 년 전 어머니가 돌아가신 후 꿈에 고향이 잘 나타나지 않습니다.

'더 미국 시민이어야 하는가,
아니면 정서적으로 한국 사람인 채로
머무를 것인가'
더러 고민일 때가 있습니다.
법률적인 신분은 미국 시민인데….

어느 날 아내와 같이 로맨틱 코미디 영화를 보러 갔다가
옆에 있는 미국인은 재미있게 웃는데,
나는 무슨 뜻인지 못 알아들어 맹숭맹숭 앉아 있으면서
나는 아직도 한국인일 수밖에 없다는 생각을 했습니다.

그런데 만나는 고객이 98퍼센트는 미국 사람이고,
그들과 대부분의 시간을 보내면서
그래도 내가 마음 붙이고 살 곳은 제2의 고향인
이곳이라는 생각을 하게 됩니다.
내가 가르치는 방과후 학교에 아이를 네 명이나 둔 부모가 있습니다.
두 아이는 아주 귀엽게 생긴 백인이고,
나머지 두 아이 중 하나는 흑인이고,
한 아이는 아시아인입니다.
게다가 일곱 살 난 흑인 입양아는 청각 장애인이고,
아시아에서 입양한 여섯 살 난 여자 아이는
앞을 볼 수 없는 아이입니다.
그런데 자기가 낳은 아이들처럼 똑같이 키워서
아이들이 너무 밝고 아름답습니다.
두 백인 남매와 너무 잘 어울려 놉니다.

전화로 사기를 치려고 하는 나쁜 미국인도 있고
함부로 총질을 해대는 미치광이도 있지만,
대다수 미국인은 선하고 바르고 사랑이 넘칩니다.
저는 삶의 현장에서 이런 감동적인

미국인들의 모습을 거의 매일 만납니다.

이런 것들이 영어가 아직 부족해도
내가 미국에 온 이상 미국을 사랑하고
더 미국인일 수밖에 없는 이유입니다.
인간관계도 복잡하지 않고 더 편할 때가 많습니다.
그러나 두고 온 고향이 꿈에 나타나듯
불현듯 한국 친구들이 그립고,
정서가 통하는 한국 동포가 더 만나고 싶은 것은
부인할 수가 없습니다.

새벽 6시 반, 다시 밖에 나와 보니
달이 서쪽으로 기울어
나무 뒤에 숨었습니다.
하늘은 온통 내가 좋아하는 별들의 차지가 되었습니다.
사실 우리가 돌아갈 고향은 한국도 미국도 아니고
더 넓고 황홀한 저 별나라일지도 모릅니다.

10월의 어느 멋진 날에

작년 말 휴스턴 어느 극장에서 조수미의 공연이 있던 날,
우연히 옆자리에 앉게 된 조○○ 박사가
자기 아내가 제일 좋아하는 노래가
'10월의 어느 멋진 날에'라는 곡이라고 했다.
나는 어렴풋이 그 노래를 알고 있었는데,
집에 돌아와 몇 번 반복해서 들었는데
그 선율이 너무 마음에 들었다.
마치 살랑살랑 나비가 춤을 추듯
어느 날렵한 발레리나가 구름 위에서 움직이는 듯
선율이 창공을 날았다.

가사 중에 "창 밖에 앉은 바람 한 점에도 사랑은 가득한 걸"
이 부분이 가장 좋다.
처음 이 노래를 편곡하여 부른 사람은 바리톤 김동규이지만
나는 임태경의 보이스가 더 상큼하게 다가왔다.

오늘 오전 10시 반 약속이 있어
우드랜드 마켓 스트리트에 있는 라마드린(La Mardeline)에 갔다.
10월의 중순 하늘은 온통 푸르고 바람은 시원해

커피 한 잔을 사들고 창밖 의자에 앉았다.
맑은 하늘 아래 마켓 스트리트의 유럽풍 건물들이
가을의 풍광을 드러내고 있었다.

맑은 하늘을 보며
'10월의 어느 멋진 날에'를 콧노래로 흥얼거리고 있는데,
잠시 후 기다리던 이가 와서 그에게 물었다.
"Hi, Any good news about your personal life?"
이 미국 청년은 나를 위해 14년 동안 일하고
5년 전에 독립했는데,
1년 전에 아내가 잠깐 한눈을 팔아서 이혼을 했다.
자기를 속인 것을 도저히 용서할 수가 없었단다.
36살인데 5학년 된 딸 하나가 있다.
"I have a girl friend."
여자친구가 생겼다고 해서 축하한다고 말하고
어떤 사람인가 물었다.
현재 캔자스에 살고 있고 네 명의 아이들이 있다고 했다.
나는 깜짝 놀라 "Oh my (God)…" 하다가 God은 말하지 않았다.

현재 직업은 간호사인데 나이는 동갑이고,
18살 때 남자를 만나 두 아이를 낳았는데 그 남자는 떠나고,
두 번째 결혼해서 다시 두 아이를 낳았는데
트럭 운전사였던 술주정뱅이 남자와 작년에 헤어졌다는 것이다.
나는 "그래도 그건 아니지 않느냐? 좀 신중히 생각하라"고

말해 주었는데
그의 부모도 손사래를 치며 반대하다가
여자친구를 만나 본 지금은
동의하는 쪽으로 기울어졌다고 한다.

보수적인 피가 흐르는 코리안 아메리칸으로서는
아끼던 청년이 그런 여자와 결혼을 생각한다는 것이
이해하기가 쉽지 않았다.
게다가 그는 아내를 속이지 않는
정직한 사람이고(No cheating),
능력이 있어서 월 순수입(net income)이 1만 달러를 넘는다.
만약 이 청년이 내 아들이었다면 지금 기분이 어떨까?
이 이야기를 들으며
10월의 어느 멋진 날이라고 말할 수 있을까.
잠시 하늘에 구름이 끼인 듯 보였다.

그런데 마지막에 사진을 보여주었는데
여자친구가 의외로 순수한 얼굴을 가졌고,
네 아이들도 모두 금발에 맑은 눈을 가졌다.
나이로 치면 가운데인 자기 딸과
네 아이들이 어울려 놀았는데,
서로 너무 좋아하고 호흡이 잘 맞는다는 이야기도 했다.

그래…!

그동안 몇 번 만나면서 마음이 끌리고
사랑이 싹텄다면 조건을 뛰어넘을 수도 있겠지.
네 명의 아이들이 부담되는 것은 사실이지만
어떤 미국인은 아프리카와 아시아에서
전혀 피부색이 다른 자녀도 여러 명 입양해서 키우는데,
그 아이들은 여자친구의 아이들 아닌가.
차를 타고 집으로 돌아오며 그 청년을 이해하려고 애썼다.

이 글을 쓰는 지금은 저녁 9시 45분,
뒤뜰에 나서니
하늘에는 변함없이 별들이 말없이 반짝이고
가끔씩 비행기만 반딧불이처럼 깜빡이며 하늘을 지나간다.
그대는 아는가!
밤하늘을 오래 보고 있노라면
까만 밤 하늘이 천천히 푸른 색으로 바뀐다는 것을….
때로 절망이라고 쓴 글씨가
희망이라는 깃발로 펄럭일 때도 있다는 것을….

어떤 남자가 딸의 친구인 여중생을 죽였다는
한국에서 들려오는 어이없는 뉴스를 보면서 생각한다.
'그래도 이것은 오히려 로맨스야.
사랑은 조건이 아니고 때로 찬 얼음도 녹이는 거야.
아니, 아이 여럿 가진 이혼한 여자는
평생 혼자 살란 법이라도 있나?

예수님은 간음한 여인도 불쌍히 여기라고 하시지 않았던가?'

우리가 세상을 긍정의 눈으로 바라보면 기분이 상쾌해지고, 내일도 10월의 멋진 날은 계속되리라고 믿는다.

그래, 가을이다

서러움의 눈물을 씻어 가는 시원한 바람
웃통 벗고 달려왔던 여름의 한나절을 식히고
평상에 걸터앉아 포도를 부르는 가을,
그래, 이제는 한숨 쉬어도 되는 가을이다.

드러난 열매만이 기쁨이랴.
일찍이 아침을 깨우고 쏟았던 땀방울
다함 없는 수고가 영글면 그것이 열매로 남는다.

다 이루는 것은 신에게만 허락된 것,
모두 용서하고 살기란
고통 없는 세상에서나 가능한 것,
부끄러워 마라.
가을은 성숙의 오후이다.

주황색 감, 퍼플 포도, 평범한 호박의 고백,
진실은 비움이다.
하늘의 바다에서 반짝이던 별이 내린다.
우리의 가슴에 푸른 별빛이 물든다.

눈에 보이는 열매만 열매이랴.
가진 자를 부러워 마라.
많이 가진 자는 바람의 호흡을 막는다.

가까이 다가온 상큼한 바람을 보듬고
가을을 사랑하리라 말하라.
인생의 가을은 숙성의 계절이다.
보이지 않는 내면이 별이 되게 하라.

이 가을엔
두 통의 편지를 쓰겠어요

이 가을엔 두 통의 편지를 쓰겠어요.
하나는 완전한 당신에게
하나는 진실과 위선을 넘나드는 그대에게

따스한 햇살이
뒷마당에 내려와 무화과와 단감을 익히고
시원한 바람을 불러올 즈음
난 당신에게 간절한 포옹으로 다가가고 싶어요.

위대한 당신은 잘도 참으셨군요
당신의 숨결이 아침 이슬로 찾아와
나의 뜨거운 이마를 만지고
"천천히"라고 말씀하실 때

나는 잠시 걸음을 멈추고
지나온 날들로 인하여 감사하고
가슴에 눈물이 있음으로 인하여
누군가를 사랑할 수 있다고 믿어요.

상처 준 이에게 손을 내밀어도
대답을 못 얻은 그대에게
차라리 잊어 주라고 말하지요.

가을의 햇살은 누구나의 가슴에 비치지만
그대 가슴에 묻어난 햇살이
내겐 소중하다고 말하세요.

많이 이루진 못했어도
그대는 항상 여행을 떠날 준비가
되어 있었다는 것만으로도
실패하지 않았노라 인정해도 돼요.

삶을 준 태양에게 감사하고
밤이 되면 별들을 만나 사랑하고,
가을이면 바람을 만지는 그대는
충분히 삶이 값지다고 말하세요.

때론 미치지 못하는 베풂에 초라하지만
신은 훨씬 너그럽고
부드러운 것을
가을의 바람과 햇살은 말하지요.

그래요, 나는 알아요.

완전한 당신은 별을 지으신 이이고
그대는 바로
진실 앞에 자유하고 위선에 부끄러운 내 모습인 것을

이 가을에 당신은
긴 포옹으로 나를 안아 줄 것을 믿어요.

어느 멋진 결혼식

11일 토요일 오후,
텍사스 A&M에서도 30분을 더 달려 도착한 렌치,
5분쯤 들어가자 청년 여섯 명이 발렛 파킹을 위해 서 있고,
그 옆에 야외에 꾸며진 결혼식장이 보였다
우리 부부가 조금 늦었는데,
약 200여 명의 초대 받은 손님들과 결혼식이 진행 중이었다.
주례는 미국 목사님이었고
웃음과 축하 박수 속에 신랑 신부는 퇴장했다.

결혼식 후 피로연을 위해
커다란 트롤리 버스 두 대가 손님들을 싣고
다시 10분을 더 들어가니 거기에 널따란 호수가 있고,
그 호수 옆으로 집이 하나,
그 주위에 바베큐와 나무 테이블,
악단, 그리고 댄스 플로어가 만들어져 있었다.

땅에 관심이 많은 한국 사람의 본성을 못 이기고
같은 트롤리를 탄 신부의 엄마에게 물었다.
'렌치의 크기가 얼마쯤 되느냐'고.

얼핏 74에이커라고 들은 줄 알았는데, 다시 물으니
옆에 보이는 호수가 74에이커이고,
렌치는 12,000에이커라고 한다.

우리를 초대한 신부 엄마는 유학을 와서 백인 남편을 만났고,
그 남편은 잠시 보잉에 근무하다
오일 회사로 옮겨 부사장을 지내고,
10여 년 전 유정을 개발하기 위해
텍사스 맨 북쪽 미들랜드로 이사간다는 소식을 들었는데
유정 개발이 성공하여
작년에 다시 휴스턴으로 돌아왔다.

신부의 부모가 평소에 믿음이 좋아
작은 교회와 선교에 통 큰 헌금을 하는 분으로 알려졌다.
이제 두 딸을 다 결혼시키고 늦게 한국에서 입양한 아들이 있다.

식사가 끝나갈 무렵,
신부 아버지가 신랑 신부를 소개하며
이들의 결혼이 클래식 로맨스 같다고 했다.
신랑은 촌놈 출신이고,
농구와 서핑을 좋아하며, 목수 일을 할 수 있어서
이번에 결혼 피로연을 위한 야외 테이블과 댄스 플로어도
그가 만들었다고 한다.

그가 옛날 사람처럼 자기에게 문자를 보내,
맥주나 한 잔 하면서 이야기하고 싶다고 하더니
따님과 결혼하고 싶다고 이야기했다는 것이다.

한국에서 멀리 오신 신부 엄마의 언니 두 분을 만났는데,
자기 동생이 딸 다섯과 아들 하나인 집안에서 넷째 딸이고
가장 잘사는 동생이라고 했다.
믿음이 좋아서 많이 나누므로
하나님이 더 축복하신 것 아니겠느냐고 했더니
맑게 웃으신다.

한국에서 어렵게 자라 미국에 와서 잘된 분들을 보면
내 일이 아니어도 가슴이 훈훈하다.
그러면서 이혼을 당한 분들이나
어렵게 사시는 분들을 위해 기도하게 된다.
부자인 부모를 두었지만
의존하지 않고 당당히 새 길을 출발하는
신랑 신부에게 축복 있으라.

작은 것에도…

저녁 10시, 글을 읽다가 답답하여 밖에 나가 별을 보고
다시 11시 40분, 거실의 불을 끈 뒤
뒷마당에 나가 별을 보았다.
바람이 불고 날씨는 다소 쌀쌀해졌는데
하늘은 구름이 없이 맑다.
밤하늘을 오래 보고 있노라면
까망에서 푸른색으로 점점 밝아 오고, 반짝이는 별들로 가득하다.
멀리 있어서 아주 작게 보이는 보일락 말락 한 별들과도
교감을 나누고 글을 쓰기 위해 다시 방으로 돌아왔다.

추수감사절 연휴를 앞두고, 아내에게 감사절 다음 날
내가 아는 몇 가정을 초청하고 싶다고 했더니 반대를 해서
내가 화를 내고 이틀째 말을 안 하고 냉전 중이다.
그런데 뭔가를 준비하기 위해 글을 읽다가
"작은 것에도 감사하라"는 말씀에
내 행동이 걸려 고민 중이다. 계속 말을 안 할 수도 없고….

위의 작품은 우리가 잘 아는 그림이다.
식빵 하나와 수프 한 그릇을 놓고 감사 기도하는 노인의 모습인데,
1918년 미국 미네소타 주 보베이(Bovey)라는 작은 탄광촌에서
사진사로 일하는 에릭 엔스트롬(Eric Enstrom)이라는 사람이
찍은 사진을 보고, 나중에 그의 딸이 유화로 그린 작품이다.

사연은 이렇다. 그의 사무실에 한 노인이 찾아왔다.
백발이 성성하고 세상사에 몹시 지쳐 보이는 그 노인은
보잘것없는 신발 흙 털개를 팔러 온 사람이었다.
에릭은 그 노인에게 빵 한 조각을 대접했다.
그런데 그 노인이 소박한 빵 한 조각과 스프를 앞에 두고
감사기도 하는 모습이
에릭의 가슴에 너무나 감동적으로 다가왔다.
에릭 엔스토롬은 그 노인을 보며 이런 생각을 하였다.

'이 노인은 세상적인 것들은 많이 갖지 못했지만
다른 사람들보다 더 많은 것을 가졌구나!
그는 감사할 줄 아는 마음을 가졌으니까!'

비록 노인은 가난하고 삶에 지친 모습이었지만,
그의 소박한 감사기도 속에
세상 그 누구보다 부유한 사람임을 깨닫게 되었다.
그는 그 자리에서 노인의 사진을 찍었다.

그래, 때로 나와 생각이 다르고,
때로 내 인생길에 걸림돌이 되는 것 같을 때도 있지만
아내에게 감사하자.
나의 건강을 아내가 챙겨 주지 않았다면
나는 아마 지금 이 세상에 없을 수도 있지 않은가.
사실 나는 젊은 날 한때 술을 마셨다.
나중에 간이 나쁘다는 것을 알았는데,
아내가 챙기고 말리지 않았다면
아버지나 형님처럼 일찍 세상을 떠났을지도 모른다.

청교도들은 많이 가져서 감사한 것이 아니고
극한 추위와 가난과
그리고 사랑하는 가족들을 잃고서도
주어진 신앙의 자유와 앞에 펼쳐진 드넓은 대지를 바라보며
추수한 작은 것들을 앞에 놓고
감사 주간을 시작하지 않았던가.

감사하는 마음을 잃어버리면
거기서부터 불평이 시작되고 사랑이 말라 버린다.

그림에 나오는 노인에 비하면
나는 너무나 많은 것을 축복받았는데,
왜 가슴에 감사가 메말라 가는가?
이 밤을 보내고 내일 아침 눈을 뜨면
더 구체적으로 내게 주어진 작은 것들을 찾아서 감사해야겠다.

저녁 12시, 차 한 잔을 타러 내 방에서 부엌으로 나갔다가
한 잔만 타지 않고 두 잔을 타서
그중 한 잔을 슬그머니 아내가 앉아 있는 탁자 앞에 두고
서재로 들어왔다.

너무 작아서 잘 보이지 않는 별들….
사실 그 별들은 멀리 있을 뿐 더 큰 별일 수 있다는 생각을 한다.
작은 것에 감사하면
멀리 있을 것 같은 행복도 가까이 다가온다고 믿는다.
감사하지 않기 때문에 그 행복이 내 곁에 머물지 않고
바람처럼 지나가 버리는 것이다.

추수감사절이다. 남을 가르치려고 하기 전에
내 주위에 있는, 내게 주어진 작은 것부터 감사하자.
늦가을, 밤바람은 차지만
내게 들려주는 밤하늘 별들의 속삭임이 따뜻하다.

3장

여행-길에서 배운다

> 남은 생애 동안 내가 가야 할 길은 어디인가.
> 한 번쯤 진지하게 고민해 봐야 한다.
> 선교사가 아니더라도
> 하나님이 나에게 가기 원하시는 길이 있을 것이다.
> 나만을 위한 삶이 아니라
> 누군가 도움이 필요한
> 다른 한 사람을 위한 삶이 되고,
> 내가 이 세상을 떠나고 난 뒤
> 나로 인해 이 땅이 좀 더 살기 좋은
> 세상으로 바뀐다면,
> 내가 이 땅에 다녀간 멋진 이유가 된다고 믿는다.

콜로라도를 다녀와서

　　　　미국 오기 전 한국에서부터 청소년기에 콜로라도의 아름다움에 대해 배웠기에 미국 온 뒤 가 보고 싶었지만 여행을 아껴 두다가, 이번에 세미나 일정이 생겨 콜로라도를 다녀왔다.

덴버 하얏트 테크 센터(Hyatt Tech Cente)에 머물렀는데, 이곳은 오로라(Aurora)라는 한인 타운과도 10여 분 정도로 멀지 않고, 기술 센터와 상가들이 밀집한 곳인데 조깅을 할 수 있는 둘레길(Trail)이 만들어져 있고, 공기는 더할 나위 없이 상쾌하고 신선했다.

콜로라도라고 하면 당연히 로키 마운틴(Rocky Mountain)을 가야 하는데, 덴버에서 두 시간 정도 거리이고 이번에 두 살 된 손자를 모시고 가는(?) 바람에 차를 타고 멀리 갈 수 없어 가까운 두 군데만 가보게 되었다. 사실 손자만이 이유는 아니고, 10여 년 전 캐나다 밴프국립공원(Banff National park)을 다녀왔기 때문에 비슷하거나 오히려 더 놀랍지 못하리라는 생각으로 로키 마운틴은 다음으로 미루었다.

첫 번째 가 본 곳은 레드락 공연장(Red Rocks Amphitheater)이다. 덴버 시내에서 30여 분만 산자락으로 가면 병풍을 둘러친 듯 빠알간색의 커다란 두 바위가 있고, 그 두 바위 사이에 계단식 극장을 지어 놓았다. 그곳에서 오페라나 팝뮤직 등 콘서트가 열린다. 유명한 록 뮤지션이나 컨트리송 가수들이 이곳에서 공연을 한다. 그때는 공연이 없어서 낮에 공연장과 그곳에 둘러선 붉고 큰 바위들만 보았지만, 밤에 산중턱에서 공연을 보면 환상적일 것이라는 생각이 들었다.

두 번째 가 본 곳은, 콜로라도 스프링스(Colorado Springs)에 있는 신들의 정원(Garden of Gods)이다. 덴버에서 딱 한 시간 거리인데 Trip Advisor에 미국에서 가장 아름다운 가든으로 선정된 곳이다. 이곳은 약 10층쯤 되어 보이는 빨간 바위들에 둘러싸인 자연 정원이 있는 곳이다. 엄청나게 많은 관광객들이 둘레길을 따라 걷거나 자전거를 타고 혹은 차로 한 바퀴 둘러보는 코스였다.

덴버는 의외로 사막성 기후여서 산에 큰 나무가 생각보다 많지 않고, 3~4일 지난 후에는 피부가 건조하고 콧속이 말라 허는 현상이 나타났다. 일부밖에 보지 못했지만 콜로라도는 기대했던 것만큼 환상적이지 않았고, 나는 역시 습기가 많은 곳이 몸에 맞는 휴스턴 체질이라는 것을 느꼈다. 내가 사는 곳이 좋은 곳이라는 뜻이다.

휴스턴으로 돌아온 다음날 저녁, 컴퓨터를 켜놓고 TV를 보며 커피 테이블에 다리를 뻗은 채 식사를 하는데, 내가 소금을 좀 가져다 달라고 아내에게 부탁했더니

콜로라도 레드 락 마운틴

내 오른쪽 스탠드가 놓인 작은 테이블에 하얀 소금병을 가져다 놓았는데, 거기에 '죽여'라고 쓰여 있었다. '아이구, 무슨 말이야?' 하고 병을 자세히 보았더니 병 아래에 대나무 그림이 그려 있고 거기에 보일락 말락 미음 'ㅁ' 자가 있었다.

얼마 전 한국 젊은 트로트 가수 가운데 박 누구라는 사람이 부른 노래 가운데 '죽여 줘요'라는 가사를 들은 적이 있는데, 콜로라도를 그런 기대를 하고 갔다가 그 정도는 아니라는 생각을 하고 왔다.

우리 집 앞 마당에 드디어 생강꽃이 피었고, 이름은 잊었지만 키 큰 나무에 하얀 꽃도 흐드러지게 피었다. 아침 일찍 문 밖을 나서면 꽃향기도 그만이다. 내가 사는 휴스턴, 그리고 우드랜드… 죽여 줄 정도는 아니지만 나는 이곳을 사랑한다. 살다가 답답해지면 잠시 여행을 다녀와서 또 이곳을 사랑하며 살리라.

이제 7월이 다가올 텐데, 너무 뜨거우면 1991년 겨울 베니스에서 곤돌라를 타고 산마르코 광장으로 건너가면서 보았던 오렌지색 석양과 초록빛 바다, 10여 전 캘거리를 거쳐 벤프 공원에 가서 딱 마주쳤던 트레비스(Tranis) 호의 황홀함, 한여름에도 두꺼운 잠바를 껴입고 빙산 위를 걸었던 신비한 비경을 가끔 추억으로 꺼내 마시며, 이번 휴스턴의 여름을 보내리라.

라익라익 리키리키

지난주 딸 때문에 잠깐 하와이를 다녀왔다. 하와이 오하우 섬 와이키키에서 폴리네시안 문화센터가 있는 노스 쇼어 쪽으로 가려면 하이웨이 1을 거쳐 83번 길을 가야 한다. 호텔 프론트에서 가는 길을 물었더니 하이웨이 1을 지나 리키리키(likelike) 하이웨이를 잠깐 타라고 하였다. 리키리키를 찾았으나 잘 보이지 않고 라익라익만 보였다. 내가 길을 지나쳤나 생각해 보니 아니다. 발음 그대로 읽으면 리키리키로 읽을 수 있었다. 이곳이 맞겠구나 하고 갔더니 83번이 연결되었다.

'Like'을 라익으로 발음하는 것은 영어이고, 리키로 발음하는 것은 현지 폴리네시안(Polynesian)어이다. 하와이와 피지 섬, 사모아 섬 등에 사는 남태평양 원주민들을 폴리네시안이라고 부른다. 이곳에는 그들만의 언어가 있고 문화가 있다. 하와이의 거의 모든 길 이름은 폴리네시안어로 되어 있어서 발음이 어렵다. 이를테면 와이키키 비치가 있는 길 이름은 칼라카와(Kalakaua)이며, 내가 머문 호텔이 있는 길 이름은 쿠히오(Kuhio), 그리고 그 옆에 있는 길이 케알로힐라니(Kealohilani)이다. 여행을 가서 며칠을 지내면서 길 이름이 잘 기억되지 않아 애를 먹었다.

이것을 통해 한 가지 배운 것이 있다. 어떤 사물을 관찰할 때 때로는 다른 관점으로 볼 수 있는 안목이 있어야 한다는 것이다. 내 영어 지식만을 고집해서 그 길을 '라익'으로 읽었다면 나는 그 길을 놓쳤을 것이다. 사람은 각기 생각하는 것이 다를 수 있고 문화가 다를 수 있다. 왜 너는 나와 같지 않느냐고 주장해서는 안 된다. 성경을 기록한 누가는 예수를 신이지만 또 인자라고 불렀다. 인자는 사람의 아들 곧 사람이라는 뜻이다. 예수님은 하나님의 아들로서 신성을 가지셨지만 인간인 우리를 이해하시기 위해 사람이 되셨다. 그 낮아짐이 없었다면 우리 인간들을 도우실 수 없었을 것이다.

한 소년이 홀어머니와 살면서 생계를 돕기 위해 중학생 때 자전거로 달걀 배달을 하다가 넘어졌다. 한 아저씨가 다가와서 울고 있는 그의 손을 잡아 일으키며 "나의 어릴 적 모습을 보는 것 같구나" 하며 힘을 내라고 위로하였다. 그 한마디가 그에게 용기를 심어 주고 힘이 되어 그는 나중에 훌륭한 한국의 목사님이 되었다.

우리는 때로 남이 나와 다를 수 있다는 것을 인정하지 못해서 상처를 주기도 하고 받기도 한다. 아무리 훌륭한 사람도 아홉 가지 장점이 있으면 한 가지 단점이 있다. 부족하게 보이는 사람도 자세히 보면 한 가지 장점은 있다. 그 사람의 단점은 덮어 주고 장점을 칭찬해 주면 상처를 받지 않고 오히려 위로할 수 있다.

교회는 이런 곳이어야 한다. 세상은 남의 약점을 들추어서 따돌리고 부끄럽게 하며 기를 죽이지만, 교회는 남이 나와 다를 수 있다는 것을 인정하고 그것까지도 귀하게 여기고 사랑하는 곳이다. 예수님은 한 점 흠이 없는 의인이시지만, 온갖 모습의 죄인들을 정죄하지 않고 사랑으로 품고 용서하셨다. 머리 둘 곳 없이 가난하게 사셨지만 부정하게 돈을 번 삭개오도 영접하시고 제자 삼아 주셨다.

주님을 믿고 따르는 것이 생활과 별개여서는 안 된다. 인간은 다양하기 때문에 남이 나와 다를 수 있다는 것을 인정하자. 그의 입장에서 바라볼 수 있는 눈을 가지는 것, 그것이 그를 이해하고 받아들일 수 있는 첫걸음이 되는 것을 잊지 말고, 그런 마음으로 상대편을 보면 어떤 모습의 사람도 하나님이 사랑하시는 존재로 여겨질 수 있다. 그러면 내게 상처를 준 사람까지도 기꺼이 용서하고 화해하며 아름다운 관계를 회복할 수 있을 것이다. 나를 용서하신 하나님의 무조건적인 사랑을 받아들이고 내가 보는 관점을 바꾸면 보이는 세상도 달라진다.

길을 따라 걷는다

　　　　산길을 따라 20년 동안 한결같이 걷고 또 걸어 코스타리카에 사는 미전도 종족 인디안 원주민들에게 복음을 전한 한 선교사님이 있다. 21년 전 그곳에 가서 인디언들을 찾아 수십 리 숲길을 들어갔다. 다행히 사나운 인디언들은 아니어서 사람을 해치진 않았지만 찾아가면 피해 버려서 만날 수가 없었다. 어디선가 인기척이 났는데 뒤돌아보면 아무도 없었다. 숲속으로 숨어 버린 것이다. 그래도 끈질기게 6개월 동안을 찾아 다닌 끝에 알폰소라는 한 청년을 만났다.

　그는 바나나 잎으로 엮은 움막집에서 불을 쬐고 있다가 비를 잔뜩 맞고 찾아든 나그네가 불쌍했는지 와서 불을 쪼이라는 시늉을 했다. 6시간 동안 불가에 앉아 옷을 말리면서 선교사는 스페인어로, 알폰소는 그의 부족 언어로 한두 마디를 나누고, 그리고 얼굴만 쳐다보면서 시간을 보냈다. 날은 저물었고 그 청년이 손짓으로 자고 가도 된다는 뜻을 표했다. 불가에 바나나 잎을 깔고 누웠는데 한밤중에 뭔가 툭툭 쳐서 일어나 보니 옆에 돼지 새끼 두 마리와 개 한 마리가 같이 누워 자고 있었다.

　그렇게 시작된 선교가, 아픈 사람에게 항생제 한 알을 주고 기도해 주어 회복된 후 사람들이 몰려들기 시작해, 20년이 된 지금은 그 깊은 정글 속에 10개 교회를 세우고, 각 교회마다 200여 명의 인디언이 출석하여 전체 2천 명이 모이는 교회가 되었다.

중미 코스타리카에서 인디언 선교 21년째인 박성도 선교사님 이야기이다. 지난주 이분을 만나기 위해 코스타리카에 다녀왔다. 코스타리카는 이제 웬만큼 잘살게 되어 먹을 것이 없어 굶는 사람은 없다고 한다. 먹을 것과 일자리를 찾아 인구의 절반이 수도 산호세로 몰려들어 외곽에는 빈민 지역이 많지만, 일만 하면 굶지 않을 만큼은 되었다고 한다. 산에 사는 인디언들은 1년 내내 바나나만 먹기 때문에 영양실조에 걸리지만 굶지는 않는다는 것이다.

박 선교사는 이들에게 선교하기 위해 걷고 또 걷는다. 3천 미터가 넘는 산 중턱 해발 2천 미터에 흩어져 살고 있는 이들에게 먹을 것, 입을 것과 복음을 전하기 위해서다. 왼쪽으로는 태평양과 오른쪽으로는 카리브해를 끼고 남북으로 뻗은 긴 산맥을 따라 흩어져 살고 있는 원주민을 섬기고 있다.

산호세에서 차로 4시간, 그리고 차가 들어갈 수 없는 산길을 따라 3시간을 더 걸어야 그들을 만난다. 제일 먼 교회는 24시간을 꼬박 걸어야 도착한다고 한다. 그래서 그는 걷는 데는 이력이 나셨단다. 하나님이 튼튼한 다리를 주시고 이제 단련이 되어 하루 몇 시간 걷는 것은 식은 죽 먹기라고 한다. 산속에 있는 교회는 천장만 있고 바닥은 맨 흙 위에 바나나 잎을 깔고 앉아 예배를 드린다.

인생에는 길이 있다. 우리가 매일 몇 마일을 차로 운전해서 길을 달리거나 혹 걸어서 몇 미터를 가든지 매일 길을 따라 오고간다. 우리 조상들은 길이 아니면 가지를 말라고 했는데, 어떤 이는 잘못된 길을 가다가 인생을 망친 사람도 있고, 아직도 길을 찾지 못해 방황하는 사람도 있다. 예수님은 자신을 길이라고 하셨다.

> "나는 길이요 진리요 생명이니 나로 말미암지 않고는 아버지께로 올 자가 없느니라"(요 14:6)

그렇다. 예수님은 하나님께로 가는 유일한 길이요 생명의 길이다.
그는 십자가를 통해 하나님과 인간 사이에 막힌 담을 허시고 하나님께로 가는 길을 여셨다. 이 길을 가면 적어도 방황하지 않고 인생에 후회가 없다. 주님을 따라가는 삶이 바른길이다. 바울은 은혜의 복음을 전하는 사명자의 길이 나의 달려갈 길이라고 고백했다.

남은 생애 동안 내가 가야 할 길은 어디인가. 한 번쯤 진지하게 고민해 봐야 한다. 선교사가 아니더라도 하나님이 나에게 가기 원하시는 길이 있을 것이다. 나만을 위한 삶이 아니라 누군가 도움이 필요한 다른 한 사람을 위한 삶이 되고, 내가 이 세상을 떠나고 난 뒤 나로 인해 이 땅이 좀 더 살기 좋은 세상으로 바뀐다면, 내가 이 땅에 다녀간 멋진 이유가 된다고 믿는다.

박성도 선교사는 이제 더 가난한 니카라과 사람들을 위해 차로 8시간을 달려가서 니카라과 원주민을 돕는 일과 신학교 사역을 시작했다. 그의 남은 생애 동안 현지인들을 사역자로 양성해서 복음을 전하며 하나님이 기뻐하시는 길을 힘차게 달려가는 모습을 보며 많은 감동을 받고 돌아왔다.

세인트 피터즈버그에서 생긴 일

플로리다 주 템파 가까운 곳에 세인트 피터즈버그가 있다. 템파 공항에서 약 30분 거리에 있는 아름다운 비치가 있는 휴양도시이다. 2010년도 미국 장로교 개척교회 컨퍼런스가 8월 10일부터 3일 동안 100년의 역사를 자랑하는 돈 세자르(Don Cesar) 호텔에서 열렸다.

나는 미국 장로교 산하에 있는 개척교회 목사로 아내와 같이 이 모임에 참석하였다. 개회 첫날 설교는 사우스 캐롤라이나에서 개척교회를 하는 Alice Ridgil이라는 흑인 여자 목사가 전했는데, 말씀이 매우 파워풀하였다. 의대를 졸업하고 다시 신학을 공부하여 목사가 된 특이한 경력의 목사였다. 그는 성령을 체험하고 말씀 위에 굳게 서서 사역할 때 하나님께서 어떻게 축복하시는지 힘있게 전하였다. 고린도전서 15장 58절을 인용하여 우리의 수고는 절대로 헛되지 않을 것을 증거했다.

다음 날 주제강의는 백인 목사님(Shawn)이, 그리고 셋째 날 폐회 설교는 히스패닉 목사님(Andrade)이 전했다. 찬양도 스페인어와 영어를 같이 사용했다. 이번 컨퍼런스에 참석하고 나서 장로교 총회 본부에서 소수민족을 얼마나 많이 배려하고 그들의 복음화를 위해 지원하고 격려하는가를 느낄 수 있었다.

사실 미국 장로교는, 백인 성도는 줄고 우리 한국인 교회들이 지난 30년간 제일 많이 성장했으며, 그다음이 히스패닉과 흑인 순이라고 한다. 그래서 소수민족들의 복음화를 위해 많은 예산을 배정하고, 그들을 강사로 세우는 일을 하고 있다. 백인 중심의 사회였던 몇 십 년 전 같으면 생각할 수 없는 변화이다. 인종차별이 다 없어진 것은 아니지만 그리스도 안에서는 차별이 없는 살기 좋은 세상이 되었다.

이번 컨퍼런스의 상징 로고였던, 지구본 위에 돋아난 한 그루의 작은 나무처럼, 하나님은 세계 만민을 다 평등하고 귀하게 여긴다는 믿음을 갖게 된다. 살기 좋은 세상은 피부색이나 소유의 많고 적음에 따라 차별이 있어서는 안 된다. 특히 교회에서는 더욱 그렇다.

여행 이야기

여행은 새로운 충전의 시간이다. 피곤해진 일상과 똑같이 반복되는 무료해진 삶에서 탈출하여 새로운 에너지를 얻는 투자이다. 여행은 쉼이고 즐거움이다. 아름다운 자연을 만나고 나와 다른 모습으로 살아가는 사람들을 만나는 설렘이 있다. 그 지방의 특이한 풍물과 맛을 체험함으로 삶이 그만큼 넓어진다. 프랑스의 작가 라브니엘이 이런 멋진 말을 했다. "세상의 언어 가운데 최후로 두 가지 단어만 남긴다면 사랑과 여행일 것이다." 그만큼 여행이 값지다는 말이다. 물론 여행에는 비용이 들어가지만, 많은 돈을 들여 멀리 가는 것만이 좋은 여행은 아닐 것이다.

편견이 많던 사람이 여행을 통해 마음이 트여 다른 사람을 수용하는 넓은 마음이 되고, 자기 나라에 대해 불만이 많던 사람이 외국을 여행하고 돌아오면 모두 다 애국자가 된다. 여행은 떠났다가 제자리로 돌아오는 것이다. 그렇지 않으면 방황이다. 여행을 통해 가정의 소중함을 알고 가족을 더 사랑하게 된다. 믿는 사람은 생각하기를 인생은 잠시 왔다 가는 여행이고, 우리는 돌아갈 본향 하나님 나라가 있음을 더 깊이 감사하게 된다.

지난 해 겨울, 뉴멕시코 산타페에서 보낸 며칠은 영육 간에 쉼이 있는 좋은 여행이었다. 비행기에서 내려 알버쿠키에서 1시간 반을 달리는 동안 들판은 거의 사막이었는데 한참을 지나자 도시가 나타났다. 미국 어디에서도 볼 수 없는 흙토담집 같은 집들이 도시 전체에 가지런히 세워져 있었다. 2010년이면 이 도시가 시작된 지 400년이 되는, 미국에서 가장 오래된 도시 중 하나라고 한다.

인디언들은 도시 밖으로 밀려가고 주로 그림을 그리는 예술가들이 몰려 사는 도시, 그래서 거리 전체가 화랑일 만큼 갤러리들이 많이 있고, 산책하기에 좋은 도시, 인구는 6만 명인 자그마한 도시이다. 나는 그곳에서 눈길을 걸으며 텍사스에는 없는 겨울의 낭만을 맛보았다. 그리고 그곳에서 사역하시는 노강국 목사님을 만나 월남국수를 먹고, 엘도라도 호텔 다음 골목에 있는 프랑스 이민자 빵집에서 아침 식사를 했다. 내가 지금까지 먹어 본 빵 중에서 가장 맛있는 빵이었다.

나는 사막에서 별을 보며 살아 계신 하나님을 만나고, 조용한 쉼터에서 기도하며 우리 교회를 향한 하나님의 비전을 다시 붙들었다. 추운 날씨에 공원 옆 플라자에 나와 손수 만든 공예품을 파는 인디언들을 보면서, 그들이 아마 지구상에서 자연에 가장 가까운 순수한 사람들일 것이라고 생각했다.

한 끼 정도는 한국 음식이 먹고 싶어 인터넷을 뒤져서 찾아간 식당이 한국 사람이 운영하는 일본 식당이었는데, 2년 만에 처음 찾아온 한국 사람이라며 음식값을 받지 않은 꽁지 머리의 키 큰 남자 주인을 보며, 새해에는 나도 잘 모르는 사람에게도 더 사랑을 베풀며 살아야겠다고 다짐을 했다.

　돌아오는 날 공항버스를 기다리며 호텔 로비에서 아이 둘을 데리고 온 젊은 미국인 부부를 만났는데, 그들도 휴스턴에서 휴가차 온 사람들이었다. 같은 휴스턴에서 왔다는 것만으로도 얼마나 반가워하는지 여행은 사람의 마음을 포근하게 만든다.

　1990년 첫 번째 해외 여행을 유럽으로 갔는데, 지금 기억에 가장 남는 것은 이탈리아의 베드로 성당이나 영국의 박물관이 아니다. 40년 만에 내린 폭설로 제네바에서 파리까지 테제베 열차로 3시간 걸릴 거리를 24시간이나 걸려서 가게 된 사건이다. 우리는 24시간을 기차에서 보냈고, 파리 일정은 취소된 채 한국행 비행기를 타야 했다. 그러면서 인내를 배웠다.

　작년 봄, 한국의 남해안을 따라 여행하면서 우리나라가 이렇게 아름다웠던가 재발견하였다. 아내는 안식년 6주간 여행을 통해 모든 스트레스가 풀리고 새 힘을 얻어 하나님을 더 열심히 섬기는 것을 보았다.

　여행은 인생에 새로운 활력을 얻는 값진 투자이다. 단순히 보고 즐기고 들뜨는 여행이 아닌 느끼고 쉬고 새로운 것을 발견하고 돌아오는 여행이면, 그것은 투자할 값어치가 충분히 있다고 여겨진다. 낯선 곳에서 낯선 풍물과 사람들을 만나며 얻게 되는, 소박하지만 진실한 삶의 본질 한 조각을 얻고 온다면, 그것은 새롭게 찾은 나를 가방에 담아 오는 소중한 여행이 될 것이고, 하나님 안에서 참 쉼과 새로운 출발의 분기점이 되리라 믿는다.

영적인 별

　　　군대에 장교로 입대해도 장군이 되어 별을 다는 것은 쉬운 일이 아니다. 능력이나 덕이 있어야 하고 운도 따라야 하는 일일 것이다.

　교회의 어느 집사님이 장군으로 진급하며 감사 예배를 드렸다. 그는 감사기도를 하면서 "하나님, 저같이 부족한 사람을 장군으로 진급시켜서 별을 달게 해주셔서 감사합니다. 하나님이 높이셔서 별을 달게 하셨으니 영적으로도 장군이 되겠습니다" 하고 기도하였다. 그 집회에 참석했던 다른 교회 목사님이 그분이 어떻게 신앙생활을 잘하는가 지켜보았는데, 나라에 충성하듯 주님께도 충성하여서 별을 달고 또 달았다. 그래서 별 셋을 달아 육군 중장까지 진급하였다.

　몇 년 후 그 목사님이 일본에 선교 집회를 인도하러 가셨는데 그곳에서 그 집사님을 만났다. 어느덧 장군의 명예를 내려놓고 일본에 선교사로 와 있었다. 그는 첫 번째 별을 달던 때 하나님께 서원기도 한 것을 잊지 않고 선교사로 헌신해서 영적인 별을 다는 데 충성하고 있었던 것이다.

　몇 주 전 우리 교회에 선교 보고차 다녀 가신 임 선교사님 부부는 지구상에서 가장 위험한 나라 가운데 한 곳에서 선교하고 계신다. 자살 폭탄을 안고 터트리니, 조심해도 어떻게 피할 수도 없는 그런 나라이다. 나는 그분들이 거기에 가 계신 것만으로도 하나님의 큰 상급이 있으리라고 믿는다. 그분들은 그곳에서 주민들과 똑같이 먹고 자며 히잡을 입고 태권도와 여성 문화 사역을 잘 감당하고 있다.

〈쿼바디스〉 영화를 보면 베드로가 위험을 피해 로마에서 급히 도망 나오는데 예수님을 만난다. "주님, 어디로 가시나이까?"라고 묻는 베드로에게 주님의 대답이 무엇인가. "나는 네가 피하여 나오는 로마로 가서 대신 죽기 위함이다." 이때 베드로는 회개하고 다시 로마로 들어간다.

나는 내일 멕시코 단기 선교를 위해 다시 레이노사에 간다. 그곳은 복음 전하는 것을 핍박하는 자들은 없지만 마약과의 전쟁 때문에 위험 요소가 많다. 레이노사는 국경도시라서 생활수준은 멕시코 깊은 내륙보다 낫지만 마약을 둘러싼 갱들의 싸움으로 위험하고, 도시 변두리에는 빈민들이 많이 살고 있다. 우리는 그 빈민들을 도우러 가는데, 작년에 가서 작은 도움을 주고 복음을 전할 때 만났던 어린 학생들의 초롱초롱한 눈망울을 잊을 수가 없어서 다소 위험하다는 주위의 염려와 만류에도 불구하고 다시 가기로 했다. 가난하고 불우한 환경 가운데서 희망이 없는 그들에게 그리스도의 능력의 복음을 전하고 희망을 심기 위해서이다.

집사님들이 준비한 학용품을 나누어 주고 부지런히 공부하고 정직하게 살아서 꿈을 이루라고 격려할 생각이다. 안 믿는 분들에게 복음을 전하기가 쉽지 않은 이민교회의 현실에서, 이들에게 복음을 전하여 예수님을 믿게 하는 것이 하나님을 기쁘시게 하는 일이고 영적인 별을 다는 일이라고 믿는다.

양 떼를 책임지는 목사의 입장에서 혹 성도들을 위험에 빠뜨리는 것은 아닐까 잠깐 주저했지만, 영적인 일을 귀하게 보시는 하나님의 도우심을 믿고 담대히 나아간다. 모든 족속을 전도하여 세례를 줄 때 세상 끝날까지 너희와 함께 있으리라는 주의 약속을 믿는다(마 28:19-20). 교회 개척 10년 동안 11번째로 가는 멕시코 선교를 통해 귀한 생명의 열매를 맺고 희망이 없는 도시 빈민들에게 주님의 사랑과 소망을 나눔으로 그들도 살맛나는 삶을 살게 되리라 확신한다.

열리는 나라 쿠바, 기회가 다가온다

하바나로 가는 비행기를 멕시코시티 공항에서 갈아타게 되었다. 휴스턴에서 직항이 열리면 2시간 30분이면 갈 수 있는 거리를 돌아서 가느라 10시간이 걸렸다.

에어 멕시코 비행기 안에서 키가 2미터가 넘는 세 명의 쿠바 운동선수들을 만났다. 키가 커서 당연히 농구 선수려니 했는데 태권도 국가 대표 선수란다. 그중의 한 명은 2012년 올림픽에서 동메달을 딴 선수였다. 미시간에서 열린 팬아메리칸 선수권대회를 참석하고 돌아가는 중이었는데, 7월 초에는 한국에서 열리는 세계 선수권대회에 출전할 예정이라고 하였다. 그 운동선수들처럼 쿠바에서 만난 남자들은 거의 신체 조건이 아주 좋았다.

쿠바에 도착한 다음 날 LIT 대표 박철수 목사님의 인도로 쿠바 현지 목사들을 모아놓고 세미나를 하였다. 다들 체격이 뛰어났는데 그중 알프레도 목사는 야구 선수 출신이었다. 우리에게 세미나를 할 수 있도록 아파트를 제공해 준 가정은, 아들이 등을 다쳐 고생하다가 하나님의 은혜로 치유를 받아서 감사함으로 집을 제공하였는데, 아버지는 호텔에서 벨보이로 일하고 있었다. 방이 세 개고 4층 맨 꼭대기에 있는 깨끗한 아파트였는데, 10여 년 동안 홀로 된 할머니를 돌봐

주고 그 할머니가 돌아가시면서 주고 간 집이라고 하였다. 3년 전까지는 모든 부동산이 국가 소유였는데, 3년 전부터 지상 건물은 개인 소유를 허용하고 쿠바인에 한하여 사고 팔 수도 있게 법이 개정되었다고 한다.

둘째 날은 쿠바 현지 목사들과 함께 개척교회 세 군데를 둘러보고 기도로 지원했다. 하바나에서 약 1시간 거리 근교에 있는 지하교회(가정교회)인데, 어느 성도 집 뒤편 바깥에 양철로 지붕을 만들고 나무 의자를 만들어 약 20명이 앉아서 예배할 수 있는 공간이었다. 낮 시간이어서 성도는 없고 개척하는 여자 목사를 만났는데 힘든 환경이지만 행복한 모습이었다. 주위에서 돼지 우리 냄새가 나는 가난한 동네에 있는 교회였다.

두 번째로 간 교회는 어느 성도집을 빌려 40여 명이 모여 예배를 드리는 곳이었다. 현재 목사 부부가 세 들어 살고 있는 집을 사서 교회로 사용하고 싶은데, 건물과 약 2에이커 되는 땅을 합쳐 2만 5천 달러에 매물로 나왔다고 한다.

세 번째로 간 교회도 열악한 환경에서 오직 믿음 하나로 교회를 시작하고 복음을 전하는 교회였다. 특히 저녁 늦게까지 우리 일행을 기다려서 함께 수요 예배를 드렸다. 교회 예배당이 없어서 어느 성도 집 앞마당을 빌려 예배를 드렸다. 다행히 큰 망고나무가 있어서 그늘을 만들어 주었다. 개척한 목사가 아주 기타를 잘 치고, 여자 아이들 8명이 찬양에 맞추어 춤을 추는데 찬양의 열기가 뜨거웠다. LIT에서 훈련 받은 목사가 다시 4개의 교회를 개척하였는데 그중의 하나라고 한다.

셋째 날은 하바나에서 3시간 반 거리인 마탄사스에 있는 작은 교회들을 둘러보았다. 한 목사님은 복음에 대한 열정으로 눈물을 흘렸고, 두 번째로 간 교회는 건물이 비교적 좋았는데 더 체계적인 신학 교육을 받기를 소원하였다.

세 번째로 간 교회는 이번에 7천 달러에 교회를 구입하였는데, 아직 1,500달러의 빚이 있다고 하였다. 동행했던 댈러스 사랑선교교회 윤창희 목사님이 1,500달러를 지원하기로 하였다. 박철수 목사님은 가는 교회마다 인사말을 통해 현지 교회 목사들을 격려하고 소망을 심어 주었다.

끝 마무리 기도로, 동행했던 쿠바 리더 목사들이 뜨겁게 기도를 인도하고 모두 함께 손을 잡고 그 교회에 성령이 역사하시도록 합심하여 기도했다.

금요일은 아바나 구시가지(Old Habana)를 관광하였는데, 지금까지 둘러보았던 가난한 지역과는 달리 별천지로 아름다운 건물과 좋은 호텔이 있었다. 그런데 인터넷 환경이 너무 나빠 호텔에서도 잘 접속이 되지 않고 마켓이 없어서 필요한 식품이나 물건을 사는 것이 어려웠다. 바닷가에서 가까운 구시가지(Old Habana)에는 많은 투어 버스(Tour Bus)들이 주차되어 있고, 한국인을 포함한 수많은 관광객들이 거리를 메우고 있었다.

저녁 식사는 그곳 쿠바 전통 레스토랑에서 하였는데 음식 값은 7달러 정도였다. 쿠바 음악을 라이브로 연주하는 악단이 있었다. 작은 드럼을 연주하는 남자와 2명의 기타리스트로 3명이었는데, 기타리스트 중 한 명인 여자 보컬이 약 15곡을 연주하였다. 우리 일행은 쿠바 음악에 매료되었다. 특히 보컬리스트인 여자 가수는 목소리가 굉장히 크고 맑아 마이크가 없이도 그 식당 안을 울리는 대단한 실력의 소유자였다.

내가 처음으로 쿠바를 돌아본 소감은, 첫째, 다른 중남미 국가와 다르게 범죄가 거의 없다는 것이다. 늦은 밤 시간에 걸어도 거리가 안전해서 앞으로 더 많은 관광객들이 몰려오고, 투자가 늘고, 나라가 발전할 것이다.

둘째, 그들은 59년 혁명 이래 발전이 없이 가난하게 살았지만, 국민 자체는 우수하여 많은 가능성을 가졌고, 훌륭한 의사와 스포츠와 예능 분야에 탁월했다.

셋째, 그들은 50년 이상 공산주의 정권에서도 신앙을 잃지 않아서 앞으로 그들을 체계적으로 도와주면 중남미 국가를 변화시키는 우수한 선교사들이 될 수 있겠다는 소망을 가졌다.

미국 플로리다 키웨스트에서 90마일 거리에 있는 가깝고도 먼 나라, 이제 미국과 국교가 열려서 점차 개방이 이루어지고 있으며 쿠바 출신 미국인들은 투자가 가능해졌다. 한국과는 아직 국교가 없지만 한국 드라마를 통해 북한보다 한국이 인기가 높고, 한국 문화원과 한글학교가 이미 생겼고, 또 기업들의 투자가 이루어져서 더 많은 기회가 생길 것이라고 여겨진다. 중국을 발전 모델로 삼는 그들이 우수한 인적 자원과 관광 자원을 바탕으로 머지않아 카리브해와 중미 국가에서 앞선 나라로 부상하리라고 믿는다.

셋째 날 마당에서 드린 예배가 끝나고 하바나 민박집으로 돌아오기 전 문득 깜깜한 하늘에 떠 있는 무수한 별들을 보았는데, 영롱한 별들이 쿠바의 밤하늘을 장식하고 있었다. 도시에서 느끼지 못한 참으로 밝고 보석처럼 아름다운 별이었다. 혁명이라는 이름 아래 공산주의는 그들에게 가난을 선물하였지만, 하늘의 별은 그들을 변함없이 지키고 있었을 것이다. 가난하지만 순수하고 때 묻지 않은 그들을 하나님이 사랑하시리라 믿는다.

항구가 내려다보이는 언덕
_ 뉴질랜드 데본포트에서

　　방이 7개밖에 없는 별로 크지 않은 호텔(Inn) 방안은 영국 왕실의 어느 자그마한 방처럼 꾸며져 있고, 빅토리아 시대의 찻잔과 원목 가구가 놓여져 있다. 벽에는 접시들이 걸려 있고, 욕조와 화장실은 18세기 영화에서 공주가 목욕하던 그 욕조였다. 원목으로 된 높은 침대에 누워 커튼을 젖히고 창문을 조금 열었더니 시원한 바람이 불어온다.

　　무슨 바람이라고 표현해야 할까? 딱히 말하자면 살찌는 바람….

　　페리가 오가는 항구는 200미터쯤 떨어진 곳, 항구가 내려다보이는 비스듬한 언덕에 호텔이 자리잡고 있다. 오래된 나무와 야자수와 보랏빛 꽃들이 어우러진 가든에 식탁(breakfast table)이 놓여 있고, 건물 안에는 영국에서 20년 전에 왔다는 주인이 꾸며 놓은, 마치 영국 왕실의 방들을 옮겨 놓은 듯한 꾸밈새의 방들이 있다. 사진을 보고 싶다면 'Peace and Plenty Inn, Devonport, New Zealand'를 검색해 보길 바란다.

　　휴스턴에서 오클랜드 뉴질랜드까지 15시간을 비행하여 왔기 때문에 피곤했다.

공항에서 차를 빌린 후에 바로 호텔로 와서 해변에서 잠시 발을 담 궜다. 그리고 호텔로 들어와 쉬는 중인데, 바람이 너무 시원하여 잠시 눈을 붙였다가 이 글을 쓴다.

허리케인의 상처가 지나간 후, 지난 2~3주간 휴스턴의 날씨는 어디에 내놔도 부럽지 않을 만큼 하늘이 맑고 시원했다. 어쩌면 한국의 가을 하늘보다 더 맑았다. 그래서 농담으로 "이렇게 날씨가 좋은데 구태여 다른 데 여행을 갈 필요가 있을까?" 했는데, 하늘은 같지만 바람의 느낌이 다르고 바다 물빛이 다르다.

바닷가에는 작고 예쁜 상점들과 갤러리와 식당들과 아주 크고 한가한 도서관이 있다. 그 상점들과 호텔 사이에는 몇 백 년 된 나무 한 그루가 있다. 점심 식사를 위해 많은 식당 중 한 일식집을 찾아 들어갔는데, 동양 사람이 있어서 물었더니 주인이 한국 사람이란다. 나는 사시미를, 아내는 덴푸라 우동을 시켰는데 맛이 괜찮았다. 해군(Navy) 복장을 한 여군들 한 떼가 들어와서 식사를 했다.

내일 아침에는 이 호텔의 자랑인 영국 왕실처럼 섬기는 아침 식사(breakfast)를 하고 9시 페리를 타고 약 1시간 거리에 있는 와이헤케(Waiheke) 섬으로 간다.

기막힌 경치의 자연과 와이너리와 해변가에서 멋스런 식당들을 들러 보고, 5시 배로 돌아와서 오클랜드 시내를 둘러볼 예정이다.

인생은 여행이다. 세상은 잠시 머물다 가는 여관 같은 곳으로, 그 여관이 화려하든 초라하든 나그네는 그저 거쳐 갈 뿐이다. 파아란 하

3장 여행-길에서 배운다 177

늘과 별은 그 자리에 있어서 우리를 어느 때라도 맞아 준다.

　서울의 빌딩과 우드랜드 숲속에서도 변함없이 만나는 하늘과 별, 그리고 그 위의 영원한 나라, 그것이 가장 변함없고 영원한 것이다.

섬이 좋더라, 와이헤케 아일랜드

나는 몇 년 전부터 섬 여행을 좋아하게 되었다. 특히 4년 전 남쪽 바다의 자그마한 섬 청산도를 다녀온 후 더 그렇다. 때묻지 않은 자연과 순박한 사람들과 토박이 음식들이 있어서 좋았다.

뉴질랜드 오클랜드에 와서 둘째 날 찾아간 곳은 와이헤케(Waiheke) 섬이다. 발음이 하와이 와이키키와 비슷해서 무슨 공통점이 있을까 찾아보니 와이키키는 '분출되는 물'이란 뜻이고, 와이헤케는 '폭포 같은'이란 뜻이다. 원래 원주민인 마오리족이 살았을 터인데, 이제 원주민은 거의 안 보이고 대개 영국계 백인들이 살고 있었다.

뉴질랜드 달러로 40달러를 내면 2층 관광버스를 타고 아무 데나 내렸다 다시 탈 수 있는 Hop and ride도 있고 정부에서 싼값으로 운영하는 AK시내버스도 있었다. 섬 전체가 각종 나무와 꽃들로 뒤덮여 있었는데 마치 거대한 식물원에 온 느낌이었다. 키가 크고 가지가 쭉 늘어진 오래된 나무들이 열대림 나무와 섞여 있고, 꽃들은 보라와 노란색 계통의 꽃들이 많았다.

팜비치에서 약 1시간을 보냈는데 아직 초여름이라 사람은 많지 않앉고, 비치가 내려다보이는 산등성이에 별장으로 보이는 집들이 아름다운 풍광을 만들고 있었다.

점심을 먹기 위해 들른 식당에서 굴이 먹고 싶어 가격을 봤더니 1더즌에 40뉴질랜드 달러여서 미국보다 두 배나 비쌌다.

카메라를 들고 바다를 향해 몇 미터만 내려가서 셔터를 누르면 그것이 곧 작품이 되었다. 코발트색 파아란 물과 열대림 나무와 작은 비치와 산 위에 서 있는 집들, 비치와 풀밭에서 뛰노는 아이들….

자연은 우리에게 스승이다. 자기가 가진 것을 모두 내어주고도 불평이 없다. 원시림은 심고 가꾸지 않아도 폭풍과 재해를 꿋꿋이 견디어 내고 몇 백 년을 변함없이 그 자리에 서 있다. 다람쥐와 새들과 한데 어울리며 먹을 것을 준다. 그에 비하면 사람들은 자기만을 사랑하는 이기심이 있고, 그래서 오히려 자기를 망치기도 한다.

오후 3시쯤 페리를 타고 섬을 나와 오클랜드 다운타운에 갔는데, 빌딩과 너무 많은 사람들로 인해 2-3시간을 보내니 피곤해졌다. 번화가 뒤쪽 '반상'이라는 한국 식당을 찾아가서 육개장, 김치찌개로 저녁 식사를 했다. 그후 음악 소리를 따라 그 옆거리로 갔는데, 각 레스토랑 앞에서 번갈아 가며 거리 무료 공연이 펼쳐지고 있었다. 키보드 반주자는 한국 청년이었고, 다섯 곡쯤 부른 뒤 가수가 바뀌었다. 비록 거리 공연이지

뉴질랜드 오클랜드 부근 와이헤케 섬

만 클래식부터 팝송까지 수준급이었다.

　인생은 이 땅에 잠시 머물다 가는 여행이고, 여행을 통해 또 인생을 배운다. 욕심 부리지 않고 자기를 내어주는 자연에게서, 우리에게 즐기며 쉬라고 한없이 멍석을 깔아 주는 바다와 산에서 나의 남은 생을 어떻게 살아야 할지 배우게 된다.

와이헤케 섬 찬 바다물에 40분 수영하고 이틀 동안 앓아눕다

신나는 혹은 평화로운
(Exciting or Peaceful)

항상 흥분될 만큼 신나는 삶과 조용한 평화가 계속되는 삶, 어느 한쪽을 택하라면 우리는 어느 쪽을 택하게 될까?

뉴질랜드에 여행 와서 이틀을 심하게 아프고 난 후 월요일, 그리 온전치 않은 몸으로 밀포드 사운드(Milford Sound) 여행길에 나섰다. 4시간 이상 코치(Coach)라는 큰 버스를 타고 가서, 약 2시간 동안 강과 바다가 만나는 그곳에서 배를 타고 구경하고, 다시 퀸스타운으로 돌아오는 여정이다.

밀포드 사운드는 모든 여행 사이트마다 뉴질랜드에서 꼭 가봐야 할 곳으로 꼽는 여행지 중 하나이다. 여름인데도 수많은 높은 산 꼭대기에서부터 빙하(Glacier) 얼음물이 흘러내려 장관을 이룬다. 대개는 작은 물줄기가 여러 개 내려오고, 어떤 산은 한데로 모아져 폭포수를 이루기도 한다. 좋았던 날씨가 밀포드 사운드 입구에 들어서자 비가 왔다 그쳤다를 여러 번 반복한다.

캐나다 밴프 공원에서도 빙하를 보았는데, 이곳은 큰 호수, 강, 바다가 하나로 만나는 곳에 높은 산과 폭포와 물줄기를 경험하는 특이한 곳이다. 배 위 갑판에 올라갔는데 어찌나 바람이 센지 사진을 찍기 위해 손에 들고 있던 휴대폰이 날아갈 뻔하였다. 젊은이들은 익사이팅하여 소리를 질렀다. 많은 관광객들이 쉼없이 카메라를 누르고 있었다.

밀포드 사운드를 출발하여 퀸스타운으로 돌아오는 버스 안에서, 야트막한 언덕에 누워 있거나 풀을 뜯고 있는 수많은 양 떼를 보았다. 특히 옹기종기 모여 있는 새끼 양들이 너무 귀엽고 사랑스러웠다. 양들이 노니는 언덕은 너무 평화스럽고 바람도 없이 잔잔했고, 가시넝쿨도 없어서 양들이 먹고 쉬기에는 최적의 장소였다. '야! 뉴질랜드는 하나님이 주신 자연을 통해 관광과 양치기만 잘해도 온 국민이 편안히 먹고 살겠구나' 하는 생각을 했다. 실제로 그랬다.

우리 인생에 더러 신나는(exciting) 순간이 있지만, 그것은 곧 지나간다. 또 그런 순간이 꼭 자주 있어야 하는 것도 아니다. 나는 돌아오면서 그 평화스런 언덕과 순진한 하얀 양들을 보면서 짜릿한 순간보다 조용한 평화가 더 소중할 수도 있다는 생각을 했다.

보드라운 풀밭과 따뜻한 햇빛과 소박한 먹을 것과 마실 물만 있어도 충분히 평화가 있고 쉼이 있다. 그러면서 이번에 여행을 떠나며 46, 47번째 국가 여행을 간다는 설렘과 '죽기 전에 ○○개국 목표'라는 것들이 있었는데, 이 목표를 내려놓아야겠다는 생각을 했다. 꼭 여행지가 아니라 우리 집 현관 빠알간 간이의자에 비스듬히 누워, 왼쪽으로 생강꽃 향기를 맡으며 위로는 파아란 텍사스의 하늘을 보았던, 그것도 내게 주어진 값진 평화임을 느꼈다.

내일은 이곳을 떠나 호주 멜버른으로 간다. 익사이팅한 것보다 아

3장 여행−길에서 배운다

트 거리 등 조용한 곳을 찾아가고 12사도 바위가 있는 해변을 드라이브할 예정이다. 언젠가 때가 되면 믿는 자가 가게 될 하나님의 나라도 흥분되거나 신나지 않아도 평화롭고 아름답고 쉴 만한 초원과 물가이면 충분하지 않을까!

퀸스타운에서 4시간 거리 밀포드 사운드(Milford Sound)

젊은이들의 버킷리스트 퀸스타운

　　모험을 좋아하는 세계 젊은이들의 로망의 도시, 거대한 산맥 사이에 떠 있는 파랗고 웅장한 호수, 그 산맥과 호수에서 펼쳐지는 패러글라이딩, 산악자전거, 번지점프, 썬더제트 등 수많은 모험 즐기기가 제공되는 퀸스타운은 호숫가에 세워진 자그마한 도시이다. 이 도시는 아름답기도 하지만 수많은 액티비티로 인해 젊은이들이 도시를 꽉 채우고 있었다. 여기서 할 수 있는 액티비티가 약 500가지라고 한다. 상주 인구는 2만 명인데 매일 머무는 관광객은 3만 명인, 그야말로 관광의 도시이다.

　깊은 산과 호수 때문에 200년 전에는 양 치는 몇 사람밖에 없었고, 150년 전에 30분 떨어진 애로우 타운(Arrow town)에서 사금이 발견되어 중국인 노동자들을 데려다 금을 캐면서 마을이 형성되었다. 이렇게 관광도시로 성장하게 된 것은 불과 몇 십 년밖에 되지 않았다고 한다.

　여기에도 한국 교회가 두 곳 있는데, 순복음교회를 담임하는 한 목사님은 목재 수출업을 하면서 자비량으로 교회를 섬기고 있었다. 다른 도시에서 일하다 은퇴한 몇 가정이 이곳에 집을 사서 에어비앤비(Airbnb) 숙박업을 하고 있고, 호텔에는 상당수 한국 학생들이 이곳에서 관광학과 전문학교를 다니거나 워킹 홀리데이 비자를 받아서 일하고 있었다.

우리 부부는 밀포드 사운드를 다녀온 다음날 약 700미터 산에 곤돌라를 타고 올라가서 나 혼자 패러글라이딩을 도전해 보려고 했는데, 아픈 이후 아직 완전히 몸이 회복되지 않은 데다 아내가 나더러 20대인 줄 아느냐고 겁을 주는 바람에 예약을 취소하고, 그 대신 산을 내려와서 호수 위를 빨리 달리는 썬더 스키 보트(Thunder Ski boat)를 탔다. 빠른 속도로 달리다 멈추어서 한 바퀴 휙 도는데 그것도 신이 났다.

인생은 누구나 많든 적든 사는 날 동안 이루고 싶은 꿈이 있다. 그 꿈이 우리가 살아가는 이유이고 삶을 추진하는 원동력이다. 나의 버킷 리스트의 하나는 세계 60개국 이상 여행하는 것이고 이번에 47개국째를 여행 중이다. 그런데 몸이 이전 같지가 않아서 조금 슬프다.

여행에서 많은 사람들을 만나고 삶을 배우고 느낀다. 오클랜드에서 만난 영국인 노부부는 데번포트 앞 바다를 벤치에 앉아 나란히 바라보고 있었는데, 석양에 비치는 그 얼굴 표정이 얼마나 인생을 욕심 없이 선하게 살아왔는가 증명하고 있었다. 자기가 이번에 이곳 아들 집에 오면서 서울에서 비행기를 갈아타고 왔다면서 북한 문제를 걱정해 주셨다. 언젠가 삶을 마치는 날, 누군가에게 인생의 롤모델은 되지 못할지라도 강도 만난 사람을 도운 선한 사마리아인처럼 선하게 아름답게 살려고 노력하다 간 사람이라는 인상이라도 남기고 싶다.

이제 뉴질랜드 퀸스타운을 뒤로 하고 호주 멜버른에 와서 이 글을 쓰고 있다.

젊은이들의 여행 천국 퀸스타운(Queens Town)

멜버른의 치명적인 매력

잠시 머물다 가는 멜버른은 참 편리하고 매력적인 도시이다. 시티(City)라고 불리는 도심은 차가 다니는 도로 양옆에 넓은 인도가 있어 사람들이 걸어다니기에 쾌적하다. 큰 도로 옆에 수없이 뻗은 골목길이 있는데, 100년 전에 말들이 다니던 길을 지금은 사람들이 다니고 이탈리아, 중국, 한국 음식점과 라이브 음악을 연주하는 카페 등이 즐비하게 들어서 있다.

금요일 마운트 단데농에 가서 산속을 달리는 증기기관차를 타고 거기서 약 1시간 반을 더 달려 필립 아일랜드에 가서 작은 펭귄을 보고, 밤 11시 50분에 멜버른 시내로 돌아왔다. 그 시간에도 거리는 젊은이들로 아주 붐볐다. 다른 나라에서 온 관광객들도 많았는데 도시 외곽에 사는 호주 청년들이 금요일 밤을 즐기기 위해 도시로 모여든다고 한다.

어제는 다소 먼 거리인 3시간을 달려 멜버른에서 가장 유명한 관광지의 하나인 12사도 해변가를 다녀왔다. 국립공원 안에 위치한 12사도는 오랜 세월 파도에 깎여 바다에 이루어진 바위이다. 그리 단단한 바위가 아니어서 거센 파도가 밀려오면 침식되어 떠내려가서 지금은 8개만 남아 있지만, 여전히 12사도라고 불리고 있다. 약간 붉은색이 나는 그리 단단하지 않은 진흙바위와 너무 푸르러서 잉크빛 같은 바다색이 절묘한 조화를 이루고 있었다.

해변을 따라 꼬불꼬불 뻗은 도로를 그레이트 오션 로드(Great Ocean Road)라고 이름을 붙였는데, 제1차 세계대전(Great War I)에 호주 군인 약 33만 명이 참전하여, 그중에 절반 이상이 죽거나 부상을 당했다고 한다. 그 참혹한 전쟁을 치르고 돌아온 군인들은 막상 직업이 없어서 정부에서 일자리를 주기 위해 시작한 공사가 Great Ocean Road라고 한다. 그러니까 Great라는 이름은 Great War에서 따온 것을 알 수 있다.

멜버른은 420만 명이 사는 시드니와 거의 비슷한 큰 도시이고, 한국 교민도 약 1만 5천 명이 산다. 아주 큰 차이나타운이 있고, 상권의

뉴질랜드 멜버른(Melbourne) 외곽 그레이트 오션 로드

상당 부분을 중국인이 장악하고 있다. 사는 사람도 많지만 어디를 가도 중국 관광객이 넘쳐났다. 이제는 중국인들이 일본이나 아시아를 넘어 오세아니아나 유럽 등 세계를 휩쓸고 다닌다는 느낌이 들었다.

이곳에 맛있는 식당이 많다는데 나는 별로 체험을 못하고 에어비앤비를 통해 빌린 시내 고층 아파트에서 한국 음식을 사다가 김치찌개와 홍합 요리 등을 해먹었다. 느끼하지 않은 한국 음식이 제일이다. 이곳은 집값이 비싸다.

7년 전 이곳에 신혼여행을 왔다가 호주가 좋아 이민을 왔다는 한국인 가이드는 방 3개짜리 집이 거의 100만 달러여서 20퍼센트 정도 계약금(down payment) 할 돈은 모았는데 3천 달러 정도 지불해야 하는 모기지를 감당할 자신이 없어 아직 집을 사지 못하고 있다고 했다.

영국 〈이코노미스트〉지가 세계에서 제일 살기 좋은 도시로 지난 6년간 멜버른을 1위로 꼽았는데, 환경이 쾌적하고 범죄율이 낮고 문화가 발달한 도시이지만 물가가 비싸다는 것이 흠인 것 같다.

지상 어디라고 100퍼센트 만족할 도시가 있을까? 내가 사는 도시가 그래도 살 만한 곳이라고 여기고 사랑하고 살면 정이 들고, 좋은 도시가 되고, 또 서로 그렇게 가꾸어 나가면 되지 않은가 싶다.

시드니, 사랑에 빠질 것 같은 예감

너의 햇빛이 참 포근하고 따스하다. 바람은 적당히 살랑거리고 얼굴에 시원한 감촉을 남기고 지나간다. 거리에 오가는 사람들 표정이 번들거리지 않고 하얀 피부가 상큼하다. 거리에는 먼지가 없고, 한두 명 구걸하는 홈리스도 비굴하거나 초라해 보이지 않는다. 거리에 차를 세우고 손님을 기다리는 택시 기사들도 고달프지 않고 여유로운 표정이 묻어난다.

두 정거장 버스를 타고 오페라 하우스 앞 정거장에 내려 약 5분을 더 걸어 해안가로 들어갔다. 왼쪽에는 하버 브릿지가 보이고, 오른쪽 넓은 해안가 길을 따라 들어가면 거기 쉘(Shell) 모양 지붕의 그 유명한 오페라 하우스가 있다. 사진에서 보는 것처럼, 마치 바다에 떠 있는 양 돌출된 부분에 지어져서 해안가나 오가는 배에서 보면 마치 건축물이 바다에 떠 있는 느낌이다.

1950년대 건축 설계 공모를 했을 때 서른여덟 살 난 덴마크의 무명 건축가 이외른 우촌이 응모를 해서 뽑힌 작품이다. 원래 4년 공사 기간을 예정했지만 지붕 공사가 어려워 14년이 걸렸고, 공사 금액도 몇 십 배 더 들어 1973년에야 1억 200만 달러를 들여 완성되었다.

내부까지 들어가 잠시 들러 보고 공연 계획을 알아 봤더니, 마침 내일 하는 공연 티켓이 있어서 뮤지컬 표를 구입했다. '야! 신난다. 시드니 오페라 하우스에서 공연을 보게 되다니, 지금 아니면 언제 다시 올 수 있겠는가?' 빵과 커피로 간단히 점심을 먹고 페리를 타고 맨리(Manly)로 건너갔다. 약 20분 동안 쾌속선으로 달리는데, 배에서 보는 하버브리지와 오페라 하우스, 그리고 시드니 시내의 높은 빌딩들이 절경이다. 카메라만 들이대면 작품이 된다.

맨리는 큰 섬인 줄 알았더니 섬이 아니고 북쪽에서 튀어나온 반도 같은 곳이다. 해변과 여러 가지 휴양 시설들이 있다.

잠시 해변에 누웠다가 다시 배를 타고 돌아와서 시드니 현대미술관(Contemporary Art Museum)에 갔다. 상설 전시물을 먼저 보고, 특별 전시 중인 현대 비디오 아티스트인 Pipilotti Rist의 'Sip my Ocean'이란 작품을 표를 사서 감상했다. 원래 그 분야는 한국의 백남준 씨가 선구자인데, 많이 발전하여 굉장히 모던한 작품들을 볼 수 있었다. 어떤 작품은 천장에다 전시하여 관객이 침대에 벌렁 누워 작품을 감상하도록 되어 있었다.

시드니 다운타운 거리에서

호텔 가까이로 돌아와서 한국 식당에서 해물파전과 비빔냉면으로 저녁을 먹고(맛은 그저 그랬다) 간단한 쇼핑을 하고 호텔로 들어왔다.

이번 시드니 마지막 일정은 쉼이 있는 휴가이다. 그래서 블루마운틴처럼 멀리 가는 투어를 생략하고, 내일 아침에도 충분히 늦잠을 자고 걸어서 갈 수 있는 오페라 하우스와 달링 브릿지 주변을 거닐고, 보타닉 가든을 산책하며 한가로이 점심을 먹고, 저녁 7시에는 'The Unbelievable' 뮤지컬을 보면서 시드니에서의 마지막 밤을 마무리할 예정이다.

시드니에 마음이 끌리고 사랑이 간다. 낭만이 넘치는 설렘으로 사랑에 빠진 것 같은 느낌이다. 내가 이곳에 너무 마음을 빼앗기면 안 되는데, 다시 오기에는 너무 먼 곳인데….

보타닉 가든에서 바라본 오페라 하우스와 다리

다시 오고 싶은 시드니

시드니 여행 마지막 날 느긋하게 늦잠을 자고 10시쯤 보타닉 가든에 갔다. 오페라 하우스 옆으로 바다를 마주하고 넓게 자리잡은 아름다운 정원이 있다. 입장료는 무료이다. 관광객들과 시민들이 나무와 꽃을 관람하고 나무를 배경 삼아 사진을 찍고 시민들은 주위를 달리는 등 이용객이 많았다.

보타닉 가든 끝자락에 아트 갤러리(공식 명칭은 Art Gallery of New South Wales)가 있었는데, 그곳에 가서 15~16세기 중세 미술과 현대와 동시대의(Contemporary) 미술을 감상했다. 1874년에 개관한 역사가 깊은 곳인데, 여기도 특별 전시관을 빼고는 무료이고 플래시만 터뜨리지 않으면 사진 촬영도 허용되어 피카소 등 많은 작품들을 사진으로 찍어왔다.

이곳에서 시티 쪽으로 들어가, 1800년대에 지어진(1821~1865) 성 마리아(St. Mary) 성당을 지나 바로 하이드 공원에 이르렀다. 바로 다운타운과 연결되어 있어 많은 시민들이 벤치나 잔디에 앉아 한가로운 한때를 보내고, 일부 관광객은 둘러앉아 도시락으로 점심을 먹고 있었다.

호텔로 돌아오는 길에 한국 식당 '마당'에 들러 모처럼 갈비와 낙지 구이로 늦은 점심을 먹고, 잠시 쉬었다가 멀지는 않지만 아내를 배려해 택시를 타고 저녁 7시에 시작하는 오페라 하우스 공연을 보기 위해 갔다. 'The Unbelievable'은 춤과 노래와 마술쇼와 서커스가 어우러진 라스베가스 식 쇼였다.

좌석은 약 5천 개인데 제일 싼 표가 64달러이다. 특이하게 무대 위에도 양 옆에 50석 정도 관람석을 두었는데, 아마 거기는 500달러 이상일 것이다.

오페라 하우스에서 정통 오페라가 아닌 공연을 관람하게 되어 다소 서운했지만 이해는 더 빠르고 재미 있었다.

밤 9시 공연이 끝나고 나오니 역시 오페라 하우스와 하버 브릿지, 그리고 항구의 환상적인 야경이 우리를 붙잡았다. 바다에 떠다니는 페리의 불빛과 해변가 높은 빌딩에서 비추는 불빛까지 더해져 시원한 바람과 함께 시드니의 밤을 장식하고 있었다.

그러나 내일 아침 휴스턴으로 돌아가야 하니, 마냥 거기에 앉아 있을 수는 없어서 호텔로 천천히 걸어오면서 무엇을 먹을까 궁리하다, 결국은 Eazy Mart에 들러 한국 신라면 컵라면과 우동을 사다가 밤 11시 늦은 저녁을 먹고 마지막 밤 잠을 청했다.

시드니 오페라 하우스 야경

여름 몬태나 여행

지난주 몬태나(Montana)를 4박 5일 동안 여행했다. 옐로우스톤(Yellow Stone)이나 캐나다 벤프 공원이 멀지 않지만, 그곳을 가기 위한 징검다리가 아니라 그곳에서 사는 친구를 위로하고 조용히 쉬기 위해 다녀온 여행이었다.

수많은 산(National Forest)과 시원한 물줄기가 흐르는 계곡(Creek), 파아란 물이 일품인 크고 작은 호수, 멀지 않은 곳에 온천이 많이 있다(전체 12개의 온천이 있다). 나는 베이신(Basin)이라는 인구 200명의 작은 도시에 사는 친구 집에 머물렀는데, 누구나 만나면 손을 흔들고 반갑게 인사하는 시골 인심이 그대로 남아 있었다. 친구를 위로하러 갔지만 그들은 오히려 휴스턴에 살 때보다 더 행복했고, 외롭지 않고 바쁘다고 했다. 깨끗한 공기와 맑은 물과 자연 식품들이 그들에게 더 좋은 건강을 선물했다.

베이신은 원래 금광 때문에 세워진 마을인데, 이제 금을 다 캐서 금광은 문을 닫았지만 폐광된 동굴에 라돈 동굴(Health Mine)이라는 새로운 방문 거리가 생겼다. 이유인즉 금광에서 일하던 광부들이 오래 살아서 나중에 조사를 해봤더니, 그 동굴에서 라돈 가스가 방출

되어 몸에 면역력이 생겨 병에 걸리지 않고 오래 살게 되어, 그 후로 닫았던 금광을 건강을 위한 동굴로 다시 개방한 것이다. 시애틀과 캐나다 등 여러 곳에서 소문을 듣고 찾아온 사람들이 그곳에서 약 열흘을 머물다 가면서 자연 치료를 받는다.

미국에서 하늘이 가장 맑다는 몬태나
(Montana)

친구 김옥기 목사 집에서 즐긴
아침 식사 메뉴

위의 사진은 친구가 사는 집 창고를 배경으로 파아란 하늘을 찍은 것인데 얼마나 하늘이 푸른지 밤 11시 이후 별을 보았을 때 북두칠성이 바로 산 위에 걸린 것처럼 가깝게 보였다. 마치 별은 사람의 간절함을 들어주는 듯, 별을 보기 위해 산을 올랐을 때 바로 머리 위에서 나를 비쳐 주고 있었다. 별의 인도함을 따라 아기 예수를 만나러 왔던 동방박사들처럼, 나는 머리 위에서 가까이 비추는 별을 보고 신기하고 행복했다. 내가 좋아하는 별을 마음껏 본 것만으로도 이번 여행은 내게 값진 여행이 되었다.

덴버(Denver)를 거쳐서 헬레나(Helena) 공항, 그리고 40분 차로 간 베이신(Basin)이라는 작은 마을, 몬태나(Montana)는 유명한 글레셔 국립공원(Glacier Park)도 있고 옐로우스톤(Yellow stone)도 멀지 않지만, 휴스턴에서 가고자 하면 멀어서 가기가 쉽지는 않다. 그러나 뜨거운 여름 날씨를 피하여 조용한 곳에서 쉬고 새로운 에너지를 충전 받기 원하는 분이라면 추천해 볼 만하다.

돌아오는 비행기를 타기 위해 공항에서 기다리다 Katy에서 온 젊은 한국인 부부를 만났는데, 베이신에 와서 동굴 치료를 하고 캐나다 벤프 공원을 차로 다녀온단다.

몬태나의 높은 산에서 하이킹, 계곡물에 발 담그고 김밥 피크닉, 야외 온천 즐기기, 열 가지 맛있는 과일로 나눈 아침 식사(특히 복숭아와 White Cherry가 맛있었다), 질 좋은 스테이크, 아! 그리고 별들의 충만한 위로…위로하러 갔다가 자연을 통해 위로 받고 온 좋은 여행이었다.

포틀랜드, 기분 좋은 여행

7월 마지막 주 포틀랜드에 4박 5일 동안 기분 좋은 여행을 갔다. 내가 한마디로 기분 좋은 여행이라고 표현한 것은 아래 네 가지 이유 때문이다.

첫째, 친절한 사람들
다른 대도시에서는 느낄 수 없는 친절이 이곳 사람들에게는 배어 있었다. 대중 교통이 잘 되어 있다는 정보를 가지고 가서 차를 렌트하지 않고 공항에서 MAX라고 부르는 경전철을 타고 시내에 들어갔다. 시내에서 점심을 먹고, 분위기 좋은 커피숍에서 커피를 마시고, 에어비앤비(Airbnb)로 예약한 숙소로 버스를 타고 찾아갔는데 주소를 찾을 수가 없었다. 동네 나이 드신 분에게 주소를 물었더니 그곳에서 한참 가야 하고, 길이 끊기다 이어져 찾기가 쉽지 않을 거라며 약 15분 동안 운전하여 우리 부부를 손수 그 집 앞까지 데려다 주셨다. 좋은 여행이 되라는 격려와 함께…. 감동! 다운타운에서도 몇 번 내가 길을 물었을 때 모든 사람이 성의있게 잘 가르쳐 주었다.

둘째, 산과 바다, 그리고 아름다운 다운타운

원래 포틀랜드를 가 보고 싶었던 것은 큰나무와 숲, 그리고 1시간 반 거리에 있는 비치에 대한 기대 때문이었다. 역시 다운타운에서 30분 정도만 나가면 크고 아름다운 산들이 많이 있었다. 규모가 크진 않지만 예쁜 폭포, 크고 넓은 시원한 콜롬비아 강, 시내를 관통하여 흐르는 낭만적인 강, 크고 작은 많은 언덕, 그 위에 지어진 잘 디자인된 집이 인상적이었다.

셋째 날 투어로 캐논(Cannon) 비치에 갔는데, 그곳에서 살다 온 누군가의 표현대로 갈베스톤보다는 50배 멋진 비치가 거기 있었다. 물이 비교적 차서 수영하는 사람은 별로 없었지만, 바로 산과 맞닿아 있는 비치와 멋진 암석의 풍경이 그곳을 걷는 것만으로도 찾아온 기쁨을 주었다. 비치 안쪽으로 가꾸어진 조그만 도시는 각종 식당과 아이스크림 숍, 그리고 갤러리 등으로 마치 몬테레이 해변처럼 예쁘게 꾸며져 있었다.

주 세금은 없지만 팁이 만만치 않아서 그게 그거라는 생각이 들었다. 다운타운은 정말 편리하고 호텔, 식당, 뮤지엄, 백화점 등 모든 것이 그 안에 있다. 그래서 조금 호텔이 비싸도 다운타운 안에 숙소를 정하면 걸어다니면서 모든 것을 즐길 수 있다. 밤에 즐길 수 있는 무료 야외 극장도 다운타운 한가운데에 있다.

셋째, 편리한 교통

세 가지가 있는데 MAX라 불리는 경전철이 많이 다니고, Street Car라 불리는 아무 데서나 타고 내리는 버스, 그리고 좀 더 멀리 가는 버스가 있다. 하루에 2.50달러면 2시간 반, 그리고 5달러면 하루 종일 이용할 수 있고, 시니어는 절반 가격이다. 공항에서 다운타운까지 약 20분이면 오는 경전철이 있어서 아주 편리했고, 며칠만 지내 보면 노선을 다 알아서 대중교통으로도 불편이 없을 것 같았다. 나는 좀 빨리 가려고 몇 번 택시를 이용했지만 많은 시민들이 대중교통을 이용하고 있었다.

넷째, 자유로운 도시

내가 포틀랜드를 가기 며칠 전 내가 아는 미국인에게 요즘 미국인들이 포틀랜드를 여행하기 좋아하는 이유가 무엇이냐고 물었더니 자유스러운 분위기 때문이라고 했다. 그곳 다운타운에서 바로 느낄 수 있었다. 시의 표어가 "Portland Keep weird"이다. 독특한 디자인, 얽매이지 않는 습관, 그리고 아트 뮤지엄 건물에서도 그 자유스러움이 느껴졌다. 블루 스타(Blue Star)라는 도너츠 가게의 형형색색의 도너츠, 스텀프 타운(Stumps town)의 커피, 오래된 건물을 그대로 살린 녹색 호텔… 이런 모든 것들이 포틀랜드의 독특함을 유지하고 있었다. 그 바람에 다운타운에 너무 많은 홈리스들이 있는 것이 좀 불편했지만…

포틀랜드(Portland) 여행

브라보 브라질

12월 31일 퇴임한 브라질의 룰라 대통령은 국민의 87퍼센트 지지를 받는 멋진 대통령이었다. 그는 8년의 임기 동안 최저임금의 지속적인 인상 등 사회복지 정책을 통해 2,800만 명을 빈곤에서 구제했고, 3,600만 명을 중산층으로 끌어 올렸다. 그 결과 중산층 비율이 전체 인구의 절반을 넘어서면서 브라질은 '중산층 국가'가 되었다. 그는 어렸을 때 구두닦이와 땅콩 팔이를 했고, 학력은 초등학교 졸업이 전부이다. 금속노동자로 일하면서 노동운동을 시작해서 2003년 브라질의 대통령이 되었다. 그는 노동운동가 출신이지만 대통령이 된 뒤에는 급진적인 정책을 쓰지 않고 모든 계층을 아울러서 소통과 통합의 정책을 펼쳤다.

〈워싱턴 포스트〉는 룰라 대통령의 3대 업적으로 '브라질의 세계 8대 경제대국화, 빈곤층 2천만 명 이상의 중산층화, 2016년 리우데자네이루 올림픽 유치'를 꼽았다. 여기에 좌와 우, 보수와 진보를 가리지 않는 탕평 인사로 '통합·소통·포용의 정치'를 펼쳤다는 평가를 받는다.

국민과 소통하는 것은 그렇게 중요하다. 농토가 없는 농민들로부터 "그는 우리의 친구이지만 적의 친구이기도 하다"라는 불만의 소리를 들었지만, 그는 모두를 아우르며 소신대로 점진적인 개혁을 이루었다.

지난주 니카라과 선교를 다녀와서, 중남미 사람들이 너무 문제의식이 없고 낙천적이어서 그들의 의식 자체를 바꾸기가 얼마나 힘든가를 보았는데, 룰라 대통령은 대단한 사람이다. 지난 31일 퇴임하는 그에게 열광하는 국민들은 4년 후 다시 대통령에 출마하라고 권하지만 "신은 한 사람에게 선물을 두 번 주지 않는다"라며 다시 대통령에 출마하는 것은 미친 짓이라고 단호하게 거절하였다.

지난번 올림픽을 유치할 때의 동영상을 보았는데, 그는 매우 유머가 풍부한 사람이었다. 그런 대통령을 두어서인지 이번에 행복지수를 조사하는 설문조사에서 브라질 국민이 가장 행복하게 산다는 결과가 나왔다. 언젠가 기회가 되면 브라질을 여행하고 싶다.

8년 전 그가 집권할 때 브라질은 IMF 구제 금융을 받는 나라였다. 그런 나라가 지난 8년 동안 연평균 4퍼센트 경제 성장을 이루고, 이제 브라질은 살기 좋은 세상이 되었다. 경제의 성장만이 국민에게 행복을 주는 것은 아니지만, 좋은 지도자를 만난다는 것은 분명 행운이고 스트레스를 받지 않는 살맛 나는 세상임에 틀림없다.

좋은 지도자는 여러 계층과 소통하고 그들의 필요를 채워 주는 사람이다. 브라질에 비해 별로 나쁘지 않은 환경을 가진 니카라과 서민 계층은 아직도 먹을 것이 없어 하루 두 끼 식사를 맨밥에 약간의 소금 간을 하여 먹는다고 한다. 그 나라는 하루 노동자 품삯이 7릴리이이다. 니카라과도 룰라 대통령 같은 훌륭한 지도자가 나와서 가난을 벗어나고 살맛 나는 세상이 되었으면 하는 바람이다.

12월 29일 둘째 날 방문한 교회에서 몇 명의 어린이들에게 꿈을 물었더니 한 아이는 교수, 두 여자 아이는 모델과 수의사, 그리고 눈이 빛나는 키 작은 남자 아이는 변호사가 되겠다고 한다. 가난하지만 꿈이 있는 아이들을 통해 이 나라도 브라질처럼 행복지수가 높은 나라로 성장하리라는 비전을 볼 수 있었다.

선인장 꽃

선인장에도 꽃이 핀다. 꽃을 피우기가 힘들어서 자주 볼 수 없지만 꽃이 피면 너무나 아름답다. 아리조나 투산에 갔을 때 선인장으로만 이루어진 국립공원에 사람 키의 두 배 정도 되는 키 큰 선인장 꼭대기에 피어 있는 꽃들을 많이 보았다.

유대인들은 자녀들을 키우면서 선인장 꽃처럼 강인해지라는 뜻으로 사브라(Sabra)라고 부른다. 땡볕이 내리쬐는 사막에서 살아남은 선인장 가시 끝에 피어난 아름다운 꽃처럼, 하나님의 섭리를 깨달아 끝까지 인내하며 삶 속에서 아름다운 열매를 맺으라는 메시지가 그 안에 담겨 있다.

선인장은 동양에서 붙여준 이름인데, 도를 닦는 선인의 손바닥[仙人掌]이라는 뜻이다. 영어로는 'Cactus'라고 하는데, 어원은 '모자'라는 뜻이다. 선인장의 몸매는 기형적이고 가시가 있어서 호감이 가지 않지만, 꽃은 기막히게 아름답다. 브라질 원산의 엽단선이란 선인장은 노란꽃이 화려하고, 얇은 비단 옷감을 겹겹이 모아 놓은 듯 화사하다. 멕시코 원산의 로비비아라는 선인장의 꽃은 붉은색 양귀비꽃처럼 생겼다. 페루 원산의 단모환이란 선인장은 백설처럼 하얗다.

3장 여행-길에서 배운다

선인장은 아무 때나 꽃을 피우지 않는다. 밤에만 꽃을 피우는 것도 있다. 오랜 인고의 세월을 거친 후에 불현듯 개화한다. 그래서 보는 이로 하여금 한없는 기쁨과 감격을 느끼게 해준다. 인고의 과정은 쓰지만, 그 열매는 달다는 격언을 연상케 하는 꽃 피움이다.

선인장 꽃을 생각하면서 한국인의 자녀 교육에 대한 기다림과 열정을 생각한다. 교육열이 유대인을 넘어서고 있다는 느낌이다. 미국 대통령 오바마도 미국 학생들에게 한국 학생들을 본받으라고 여러 번 언급을 했고, 일본에서도 초등학교부터 외국에 유학을 보내는 한국인의 교육열을 부러워한다고 한다. 아이들을 뒷바라지하기 위해 엄마만 해외에 나감으로 기러기 가족이 되는 아픔도 있지만, 이것 자체가 다른 나라에서는 쉽게 찾아볼 수 없는 굉장한 교육열이다.

30~40년 전만 해도 한국이 가난하여 미국이나 해외에 가는 것은 힘들고, 서울로만 유학을 가도 그 집 자녀는 공부 잘하는 뛰어난 자녀였다. 서울대학이 아니고 서울에 있는 대학만 합격하면 소를 팔아서라도 대학을 보냈다. 나도 가난한 형편에서 시골에 계신 아버지가 귀중한 재산이었던 소를 팔아 준 돈으로 첫 번째 대학등록금을 냈던 기억이 난다.

오늘날 한국이 세계 10위권에 들 만큼 잘살게 된 것도 높은 교육열이 밑바탕이 되었다. 힘들게라도 교육을 시켜 놓으면 사막에서 자라지만 인고의 세월을 보내고 아름다운 꽃을 피우는 선인장처럼 좋은 날이 반드시 올 것이다. 그래서 그 자녀들이 또한 살맛 나는 세상을 만들어 갈 것이다.

내리 축복

　　한국에 있을 때 함께 한양대 캠퍼스 사역을 감당하다가 파라과이에 평신도 선교사로 간 이요한 선교사라는 친구가 있다. 이번에 한국에 다니러 갔다가 20년 만에 그를 만났는데, 항상 웃으며 건장하던 사람이 머리칼이 다 빠지고 얼굴에는 병색이 돌았다.

　　파라과이에서 일하던 중 한번은 강도를 만나 옆구리에 총을 맞았는데, 다행히 심장에서 비껴가서 목숨은 건졌지만 병원으로 옮기고 총알을 빼내느라 수술을 하는 동안 피를 너무 많이 흘려 90퍼센트의 피를 수혈해야 했다. 총을 맞고도 그 강도를 덮쳐서 총을 뺏고 경찰이 올 때까지 놓아주지 않았다고 한다.

　　수혈을 한 탓인지 혈액암에 걸려 한국에 와서 몇 개월 치료를 받고 좋아졌는데, 파라과이에 돌아가서 다시 사역을 하면서 무리를 했는지 암이 재발하여 치료차 한국에 와 있었다.

　　이 친구는 원래 한국은행에서 엔지니어로 일하던 사람인데, 지금은 파라과이에서 소를 기르는 목장을 하며 아순시온 대학 캠퍼스 사역을 감당하고 있다. 태권도 4단으로 단단하게 다져진 몸이었는데, 가난하고 치안이 불안한 파라과이에서 23년 동안 하나님을 위해 일하는 동안 고생하고 병들어서 머리칼이 다 빠진 모습을 보니 너무나 가슴이 아팠다.

다른 한 친구는 13년 전에 아르헨티나를 거쳐 우루과이에 평신도 선교사로 갔는데, 그는 좋은 건설회사 직장을 내려놓고 하나님의 부르심을 따라 평신도 선교사의 길을 갔다. 말을 느릿느릿 하는 충청도 출신인데, 그곳에서 우루과이 청년 한 사람을 열매로 얻고 매주일 변함없이 스페인어 설교를 감당하고 있다.

사람의 눈으로 보면 그들은 쓸데없는 고생을 사서 하고 열매도 없는 세월을 보낸 것처럼 보인다. 그런데 나는 그들을 만나고서 옛날에 버마(지금의 미얀마)에 가서 12년 동안 선교사로 일해서 딱 한 사람을 세우고 본부로 철수한 미국 선교사 이야기가 생각났다. 그 한 사람이 하나님의 큰 종이 되어서, 몇 년 후에 가 보았더니 미얀마에 3천 명이 넘는 교회를 이루었다는 것이다.

무엇보다 감사한 것은, 내가 만난 두 친구의 자녀들을 하나님이 축복하셔서 모두 훌륭한 사람이 되었다는 것이다. 파라과이 선교사의 자녀는 미국에서 공부하여 미국 상공회의소 과장이 되었고, 딸도 좋은 대학을 나와 한국의 삼성에 취직하여 부모를 뒷바라지하고 있다.
우루과이 선교사는 두 딸이 있는데, 현지에서 대학을 나와 첫째는 멕시코 선교사의 아내가 되고, 둘째는 미국에 있는 의사의 아내가 되어서 모두 믿음 생활을 잘하고 있는 것을 보았다.

하나님은 당신에게 희생을 드려 충성할 때, 그 자녀에게라도 반드시 복을 주시는 분임을 다시 한 번 깨닫게 되었다. 세상은 물질적인 가치관으로 풍조가 변하지만 하나님은 믿음으로 사는 자를 내리 축복하시는 분이기 때문에, 그래서 더욱 살맛 나는 세상이라고 확신할 수 있는 것이다.

4장
별-그대에게 삶을 묻다

> 태양, 공기, 물 등 우리 생명에
> 꼭 필요한 가장 값진 것은 거저이다.
> 보이지 않는 한 가지를 더하자면
> 사랑, 그것을 풍성히 주셨다.
> 창조주 하나님이 우리를 사랑하셨고,
> 서로 사랑하라고 말씀하신다.
> 아무것도 요구하지 않고
> 자기가 귀하게 아끼는 아들까지
> 주신 것을 안다면,
> 우리는 행복한 삶을 살 수 있을 것이다.
> 서로 사랑하며 작은 것을 나눌 수 있다

눈을 가리니 더 잘 들리더라
_ 어둠 속의 오페라

까만 안대로 눈을 가리고 귀로만 듣는 오페라. 그 특이한 공연은 어떠했을까? 그것은 새로운 경험이었다.

11월 28일 휴스턴 다운타운 Majestic Metro 극장에서 있었던 특별한 공연에 다녀왔다. '시각장애인에게도 오페라를 보게 할 수는 없을까' 하고 배려하는 마음으로 기획된 어둠 속의 오페라는 매우 신선했다. 입장할 때 안대를 나누어 주었다. 눈을 가리고 귀로만 들으면 답답할 것 같았는데, 오히려 집중이 잘되고 더 강하고 가깝게 들렸다.

나는 음악을 전공한 사람도 아니고 교향곡이나 오페라를 잘 이해하는 수준도 아니다. 유명한 오페라 가수인 조수미가 우리 말로 부르는 '나 가거든'이 감미롭고 김동규의 '10월의 어느 멋진 날에'가 더 친숙하다. 어젯밤 어둠 속에 서서 부르는 테너의 목소리는 극장을 꽉 채우는 웅장한 음성이었다. 마치 천지창조 때 "빛이 있으라!" 하신 음성처럼 우렁차게 들려왔다. 소프라노의 가끔 웃음을 섞은 노래는 메아리처럼 경쾌하게 가슴을 파고 들었다. 이탈리아어 가사는 몰라도 짤막한 영어 해설과 곡이 주는 울림이 파도처럼 힘차게 다가왔다.

공연장에는 한국 교포보다 미국 사람들이 훨씬 많았다. K-Pop뿐만 아니라 한국 가수의 클래식이 미국 무대에 올려져서 반갑고, 특히나 미국보다는 아직 장애인에 대한 배려가 부족한 한국에서 이런 공연이 시작된 것이 자랑스럽다. 공연이 끝난 뒤 어느 시각장애인 백인 부인이 남편의 손을 잡고 걸어 나왔는데, 얼굴에 행복한 웃음이 가득 피어 있었다. 좋은 세상을 만드는 데 있어서 정치나 제도보다 때로 예술의 힘이 더 강하다.

보이는 것이 다는 아니다. 보이지 않는 세계가 더 아름다울 수 있고, 상상으로 만나는 세계가 영혼 속에 더 빛으로 다가올 수도 있다. 별이 너무 멀리 떨어져 있어 모래알처럼 작게 보이지만 그 아름다움과 빛나는 영롱함을 누가 부인할 수 있겠는가? 보이는 세계를 넘어서서 존재하는 신비함을 상상할 수 있다.

우리는 눈으로만 세상을 보지 않고 귀로 듣고 마음으로 느낀다. 아침 일찍 창밖으로 들리는 이름 모를 새들의 청량한 노랫소리, 들판에 서서 눈을 감고 있어도 느끼는 바람 소리가 주는 메시지가 있다. 어둠이 짙은 밤하늘에서야 보석처럼 반짝이는 별이 보이고, 멀리 있는 소망을 호흡한다.

얼굴을 보지 못하고 누군가의 말을 귀로만 듣고 마음으로 들으면 더 순수하고 친숙함으로 다가온다. 눈에 안 보이는 영혼의 세계도 눈을 감고 전능자를 기도로 찾을 때, 그가 더 가까이 다가오는 것을 느낄 수 있다. 영혼의 소리를 듣는 것은 백화점의 화려한 쇼윈도가 아니라 어느 작은 교회이거나 어두운 골방이다.

눈으로 보는 세계가 전부가 아니고 보이지 않는 세계가 더 크고 신비롭다. 그래서 헬렌 켈러는 평생 눈을 뜨지 못했어도 불행하지 않았고 훌륭한 업적을 남길 수 있었다. 강영우 박사도 실명하여 보이지 않는 세상을 살았지만 더 깊은 감사와 은혜의 삶을 누렸다.

공연이 끝나고 리셉션도 훌륭하였다. 이 모든 것이 공짜라는 사실이 좀 미안하기는 했지만….

돌아오는 차 안에서 같이 데려간 크리스티나에게 오늘 공연이 어땠냐고 물었다. 크리스티나는 피아노를 배우고 있는 베트남계 미국 학생인데 반주를 한 피아니스트에게 10점 만점에 10점을 주고 싶다고 하였다. 까아만 공간에서 연주하기 때문에 악보도 없이 연주하는 그녀의 피아노 소리가 감동적으로 들렸나 보다.

새로운 공연을 기획하고 많은 연습을 통해 좋은 공연을 보여준 Barrier Free 공연팀에게 찬사를 보내고, 팀을 초청하고 서포트한 휴스턴 영사관에도 감사를 보낸다.

루브르 군밤의 추억

　우리 집 아침 식사 메뉴는 군고구마이다. 고구마 서너 개를 구멍이 난 냄비에 넣고 40~50분가량 천천히 구우면 구수하고 달콤하고 맛있는 군고구마가 된다. 커피를 마시며 사과 반쪽과 바나나를 곁들여 먹는데, 그 맛과 향기에 내 얼굴에 행복한 미소가 번진다.

　오늘 아침에도 군고구마를 먹다가 문득 12년 전 겨울, 파리 루브르 미술관을 구경하고 나오면서 정문 앞에서 마주친 리어카 군밤 장수에게서 사먹은 군밤이 생각났다. 저녁 6시쯤 어둑하고 차가워진 날씨에 손을 비비며 미술관을 나섰는데, 건너편 리어카 같은 곳에서 하얀 연기가 나고 군밤 같은 냄새가 났다. 진짜 군밤을 파나 하고 가 봤더니 맞았다. 한국에서 정겨웠던 군밤이 파리에도 있었다.

　아내와 나는 너무 반가워서 두 봉지씩 사들고 함박 웃음을 날리며 그 군밤을 들고 지하철을 향하여 걸었던 기억이 있다. 루브르 안에서 수많은 유명한 미술품과 줄을 서서 기다리며 보았던 그 유명한 모나리자보다 군밤이 더 생각나는 것은 겨울 탓일까.

　미국 오기 한참 전 신혼 시절에 이화동 옆 동숭동 단칸 셋방에 살 때, 산동네 어느 모퉁이에서 큰 드럼통에 장작불로 고구마를 구워서 팔던 아저씨가 있었다. 겨울날 집에 가는 길에 산동네를 오르면서, 그 아저씨에게서 군고구마를 사들고 가서 첫 아이를 임신한 아내와 함께 먹었던, 가난하지만 마음이 훈훈했던 그 겨울도 생각난다.

　12월도 중순에 접어드는데, 휴스턴 날씨가 며칠 동안 도저히 겨울 같지 않다가 오늘부터 쌀쌀해졌다. 내일 아침에도 나는 고구마를 가스불 위에 얹어 놓고 집에서 운동을 할 것이다. 아령이나 자전거 타기를 30분쯤 하고 오면 고구마가 익는다. 시간이 좀 걸리기 때문에 아침에 출근하기에 바쁜 분들에게는 사치처럼 들릴지 모른다. 나도 처음에는 전자렌지에 4~5분 정도 빨리 익혀서 먹었는데, 군고구마에 맛을 들인 이후에는 너무 맛있어서 시간을 투자하는 것이 아깝지 않다. 고구마와 바나나로 아침식사를 한 후 덤으로 변비도 없어지고, 아침 운동 후 샤워를 하고 출근하면 건강하고 가뿐한 하루가 시작된다.

　겨울날 군고구마를 먹으며 느끼는 작은 행복…. 행복은 의외로 가까이에 있다. 이 글을 읽는 모든 분들도 욕심에 매이지 않고, 겨울날 군고구마처럼 따뜻하고 구수한 정이 흐르는 겨울을 보냈으면 좋겠다. 어떤 큰 것을 얻어야만 행복이 오는 것은 아닌 것 같다. 가족과 이웃을 배려하는 따뜻한 마음을 나누면 내게 포근한 미소가 돌아온다.

　무슨 값비싼 크리스마스 선물이 아니라도 일상에서 만나는 작은 것에서 기쁨을 찾으면, 겨울날 문득 그리운 군고구마 같은 따뜻하고 구수한 겨울을 보낼 수 있으리라 여겨진다.

복숭아꽃이 피었습니다

우리집 뒷마당에 추운 겨울을 헤치고 분홍색 복숭아꽃이 피었다. 아내가 몇 년 전 복숭아나무를 딱 한 그루 사다 심었는데, 아직 추위가 채 가시지 않은 이른 봄날에 수줍은 듯 분홍색으로 피었다. 금년 휴스턴은 예년과 달리 유난히 추웠는데, 그 추위를 잘 견뎌 내고 피어난 복숭아꽃을 보니 아주 반가웠다. 나는 두꺼운 점퍼를 입고 뒷마당에 섰는데, 이렇게 조그만 햇살에도 활짝 핀 꽃을 보니 봄이 가까이 온 것이 확실하다.

복숭아나무는 내 어린 시절 뒷동산의 추억과 어머니와 누이의 땀이 서려 있다. 고향 집을 나서 한 30분쯤 걸어서 뒷산에 오르면 거기 복숭아 밭이 있었다. 우리 산도 아니고 고향 문중 산이었는데, 아버지가 산을 개간하여 밭으로 만들고 거기 복숭아나무 약 100여 그루를 심었다. 해마다 복숭아를 수확하여 가계 수입의 큰 몫이 되었는데, 복숭아 열매를 얻기까지는 주로 어머니와 누이의 손이 필요했다.

일곱 살 때쯤 친구들 서너 명과 뒷산에 올랐다가 산을 온통 분홍색으로 물들인 복숭아꽃을 보고 우리는 밭을 이리저리 뛰며 고향의 봄을 노래했다.

"나의 살던 고향은 꽃피는 산골 복숭아꽃 살구꽃 아기 진달래…."
조금 더 자라 아홉 살이 되었을 때는, 복숭아나무에 거름을 주기 위해 아버지와 복숭아 밭에 갔다가 산과 하늘을 온통 분홍색으로 밝힌 복숭아꽃이 너무 아름다워 황홀경에 빠져서 어린 마음에도 '시를 써야지' 하고 생각하기도 했다.

복숭아꽃은 오래 가지 않는다. 4~5일 지나면 금세 꽃이 지고 그 꽃잎이 바람에 흩날린다. 우리 집 뒷마당에서 달밤에 날리는 꽃잎을 보는데 참 신비로웠다. 꽃이 지고 나면 거기에 작은 열매가 맺힌다. 그 때부터 좋은 열매를 얻기까지는 농부의 수고가 있어야 한다. 가지가 너무 많아지지 않게 전정(가지치기)을 해주어야 하고 복숭아를 솎아 주어야 한다. 솎아 주지 않으면 땅에서 올라오는 영양분이 분산되어 복숭아가 잘 자라지 않는다.

거기서 끝이 아니다. 복숭아가 중간 크기로 자랐을 때 엄마와 누나들은 서로 품앗이를 하여 복숭아를 신문지 자른 것으로 싸매어 준다. 그렇지 않으면 벌레들이 와서 복숭아를 파먹기 때문이다. 자른 신문지를 허리춤에 끼고 다니며 작은 철사 꼬챙이로 복숭아를 감싸던 여인들의 빠른 손놀림을 기억한다.

그리하여 추수할 때가 되면, 그 신문지를 터뜨려 잘 익은 복숭아만 골라 따서 복숭아를 한가득 큰 바구니에 담아 머리에 이고 혹은 남자들이 지게에 지고 산길을 내려와, 저녁이면 집 마당에서 벌레 먹은 복숭아를 골라내고 좋은 상품만 다음날 도시에 내다 판다. 그런데 진짜 달고 맛있는 복숭아는 너무 익어 벌레가 먼저 맛 본 복숭아이다. 나는 그 복숭아의 맛을 잊을 수가 없어서 미국에서 사먹는 복승아는 만족하지 못한다.

　내가 자라서 시골 촌놈이 서울에 있는 대학으로 입학하던 때, 아버지는 한 해 복숭아 농사로 번 돈 전부를 나의 대학 입학금으로 주셨다. 가난이라는 환경을 이겨 내고 집안을 일으키기를 바라시는, 좋은 열매를 기대하는 마음으로 주셨을 것이다.
　아름다운 꽃이 핀다고 바로 열매를 얻는 것이 아니다. 그것은 우리의 삶과 같다. 놀고 싶은 가지를 자르고, 희망을 가꾸고 북돋아 주는 노력이 필요하다. 한 가지에 집중하기 위해 쓸데없는 욕망은 잘라 내야 하고, 부지런함의 밑거름을 주어야 하고, 열매를 탐하는 유혹 같은 병충해도 막아 주어야 한다. 열매를 거두기 위해, 산에 오를 때뿐 아니라 열매를 이고 지고 산을 내려올 때도 조심히 걸어야 한다. 그렇지 않으면 넘어진다.
　남들이 보기에 화려한 꽃을 피우고도 욕망을 잘 관리하지 못하여 끝물 열매를 맺지 못하는 사람을 본다. 차기 대선 후보로까지 기대되던 어떤 이가 수행하던 여비서와 스위스와 러시아 등에서 밤을 같이 보냄으로 하루아침에 인생이 무너졌다. 낭만적이라는 것과 자기 관리는 때로 부딪칠 때가 있지만, 자기를 절제하는 노력이 없이는 좋은 열매를 얻지 못한다.

　미국에 온 뒤 12년 후에 내가 나고 자란 고향을 방문하여 아버지 산소에 들렀다가 문득 복숭아 밭이 그리워 산 위에 올라갔다. 이제는 친척이 일구는 복숭아 밭이, 나무는 늙어서 볼품이 없어지고 꽃도 덜 피었지만, 분홍색 꽃 빛깔은 더 짙어지고 향기도 여전히 아름다웠다.

나이 든 나무에서 오롯이 피어난 복숭아꽃은 더 성숙해지고 품위가 있었다.

  오늘은 거름을 좀 사다가 우리 집 뒷마당에서 이제 꽃이 지고 작은 열매가 맺히기 시작한 복숭아 나무 밑둥에 북을 돋우어 줄 생각이다. 여름에 맛볼 상큼한 열매와 내년 봄에 다시 피어날 새 꽃을 기대하는 마음으로….

하겐다즈와 잣, 그리고 여행

저녁 식사 후 하겐다즈(Haagen-Dazs) 위에 잣을 얹어 먹는 후식은 깔끔하고 너무 달지 않고 고소하다. 이전에는 한인 마켓에서 사 먹는 비비빅 등 한국 아이스크림을 좋아했는데, H-Mart를 자주 가지 못해 HEB에서 하겐다즈를 사서 잣이나 호도를 얹어 먹는다.

TV에서는 내가 좋아하는 시인 박동규 교수가 오랜만에 인터뷰를 하고 있다. 사회를 보는 여자 교수가 "왜 대중들이 시를 안 읽는다고 생각하느냐?"부터 시작해서 성추행 등 문학계의 도덕적인 타락과 파를 나누어 젊은 문인들을 왕따시키는 것 등에 대해 질문하는데, 정작 박 교수는 소소한 행복이란 무엇인가를 말한다.

그가 젊은 날 무역을 하여 큰 부자가 된 친구집에 초대를 받아 간 적이 있었다. 평창동의 대궐 같은 집을 구경하고, 귀한 음식으로 대접을 받고, 비싼 차로 집까지 데려다 줘서 집에 돌아온 후 서울대 교수가 별 것이 아니라는 자탄에 빠져 있을 때, 아버지 박목월 시인이 아들의 머리를 탁 치면서 옆사람도 보고 아래도 보라고 하셔서 무엇이 행복인가를 다시 생각하게 되었다는 이야기를 했다.

내가 처음 미국에 왔을 때는 하겐다즈 아이스크림은 이름도 모르고, 어쩌다 사 먹는 블루베리 아이스크림이 그렇게 맛있고 고급인 줄 알았다. 아이들이 외식을 하자고 조르면 맥도널드에 가거나 가끔 치킨을 사들고 집에 오는 것이 전부였다. 그래도 아이들은 행복했다.

어렸을 때 시골에 살 때는 어쩌다 먹는 김이 너무 맛있었다. 참기름을 발라 화롯불에 고소하게 구운 김을 가위로 4쪽이나 6쪽으로 나누어 밥 한 숟갈을 싸서 간장과 같이 먹었다. 어쩌다 먹는 그 고소한 김만으로도 그렇게 행복했다. 그런데 지금은 김 한 장을 통째로 밥 한 숟갈에 먹는다. 그래서 더 행복해졌을까?

미국이 기회의 땅이라고 하지만 아직도 어려운 환경에 사는 교포들도 있다. 우리 각자가 생각하는 행복의 기준도 다 다르다. 박동규 교수는 무엇이든 자기가 좋아하는 일을 즐거운 마음으로 할 수 있다면 그것이 행복이라고 말한다. 그런데 선택의 길이 줄어든 이민자에게는 자기가 좋아하는 일을 찾아서 하기가 쉽지 않다.

나는 아직 내 나이에 어떤 것이 행복이라고 말하기가 조심스럽다. 그러나 끼니를 걱정하지 않고 맛있는 후식을 즐길 수 있다는 것을 감사한다. 평창동 대저택 같은 큰 집에 살지 않아도 아이스크림 위에 얹어먹는 작은 잣 몇 알의 여유를 즐길 수 있는 것도 행복이고, 고소한 김 한 장을 반으로 접어 통째로 밥 한 숟갈과 김치 한 자락을 얹어 먹는 것도 작은 행복감이라고 느낀다.

내가 이민 오기 며칠 전 한 가난한 이웃이 서운하다고 나를 초대했는데, 작은 밥상 위에 계란 프라이 두 개와 막걸리 한 병이 전부였다. 살아온 이야기를 나누고 헤어지면서 그 마음이 고마워 오랫동안 악수를 나누었던 기억이 있다.

> 나의 무덤 앞에는 그 차가운 빗돌을 세우지 말라
> 나의 무덤 주위에는 노오란 그 해바라기를 심어 달라
> 그리고 해바라기의 긴 줄기 사이로
> 끝없는 보리밭을 보여 달라
>
> 노오란 해바라기는 늘 태양같이 태양같이 하던
> 화려한 나의 사랑이라고 생각하라
> 푸른 보리밭 사이로 하늘을 쏘는 노고지리가 있거든
> 아직도 날아오르는 나의 꿈이라고 생각하라

박동규 시인이 인터뷰를 마치며 낭송한 시는 거의 무명에 가까운 함형수 시인의 시이다.

나는 억지로라도 시간을 내서 1년에 두 번쯤은 여행을 간다. 여행에서 만나는 해바라기, 보리밭, 이름 모를 새들…. 그리고 무엇보다 새로운 사람과 또 어렵게 사는 사람들을 보며, 나에게 주어진 것만큼만으로도 너무 감사하며 내가 불행하지 않다는 것을 느낀다.

그래, 행복은 소소한 것에 있다.

송창식의 사랑 이야기

　　그의 노래를 들으면 가슴에 시가 흐른다. 그의 노래에 취하면 나의 입은 흥얼거림이 되고 낭만이 반짝이기 시작한다. 말을 붙일 듯 말듯 어느 골목길을 지나 집 앞까지 이르러 아쉬운데도 기분좋은 설렘으로 웃는다. '사랑이야'를 조용히 따라 부르면서 눈가에 촉촉이 이슬이 맺힌다.

　　'담배 가게 아가씨'를 서투른 몸짓으로 따라 부르다가 어깨의 추임이 일고 경쾌한 웃음이 터진다.

　　오랫동안 나의 18번인 '고래사냥'을 어느 이름 모를 언덕에서, 또 어떤 모임에서 목청껏 함께 부르면서 방황하던 젊은 날의 추억과 향수가 되살아난다.

　　그렇다. 그는 시인이고, 이야기꾼이고, 하회탈같이 친절한 미소를 간직한 내 삶의 동반자 같은 가수이다. 그의 꾸밈없는 모습이 좋고, 어릴 적 가난했지만 넉넉한 미소를 잃지 않는 부드러움이 향기롭고, 몇 십 년이 가도 변하지 않는 그의 목소리가 부럽다.

　　밤에 잠을 자지 않고 연주하고, 또 연습하고, 한낮에 잠을 자고 남이 퇴근하여 돌아올 시간에 그때 일어나서 조반을 먹고, 그리고 또 노래를 부르고 밤 1시에 점심을 먹는다는 그의 기인 같은 행동까지도 사랑스럽다. 송창식을 보고서야 밤에 잠을 늦게 자고 오후에야 일어나 일하는 둘째 아들을 이해하기로 했다.

'나의 기타 이야기', '우리는', '사랑이야', '맨 처음 고백', '한 번쯤', '고래사냥', '나는 피리 부는 사나이'…. 그의 감미롭고 경쾌하고 의미 있는 곡들과 함께 한 시대를 살 수 있어서 행복했다고 말하고 싶다. "빛이 없는 어둠 속에서도 찾을 수 있는 우리는, 소리 없는 침묵으로도 말할 수 있는 우리는 우리는 연인, 말을 해도 좋을까 사랑하고 있다고… 한 번쯤 돌아보겠지 언제쯤일까…." '기타 이야기'는 또 얼마나 그 가사가 낭만적인가?

그가 잠시 감옥에 있을 때 아내가 찾아와 건네준 가사에 곡을 붙였다는 '사랑이야'를 들으면 오래도록 내 가슴을 그의 사랑 노래로 적시고 싶다.

당신은 누구시길래 이렇게 / 내 마음 깊은 거기에 찾아와 / 어느새 촛불 하나 이렇게 밝혀 놓으셨나요 / 어느 별 어느 하늘이 이렇게 / 당신이 피워 놓으신 불처럼 / 밤이면 밤마다 이렇게 타오를 수 있나요 / 언젠가 어느 곳에선가 한 번은 본 듯한 얼굴 / 가슴속에 항상 혼자 그려보던 그 모습 / 단 한 번 눈길에 부서진 내 영혼 / 사랑이야 사랑이야 음…

2년 전 한국에 나갔을 때 그가 항상 노래를 부른다는 〈쏭아〉라는 음악 카페에 꼭 가야지 했는데 못 갔다. 가까이서 만나 본 적도 없지만, 타고난 재능과 또 멈추지 않는 노력으로 아름다운 곡을 만들고 쉬임 없이 노래를 부르는 당신과 같은 시대를 살 수 있어서 고맙고 행복하다.

기막힌 타이밍

어제 6월 16일에 오랜만에 롱포인트 한인타운에 들렀다. 우드랜드에 사는 나는 한인타운이 먼 편이라 한 달에 한두 번 볼일을 몰아서 가는 편이다. 어제도 치과, CPA, 그리고 한국 여행사에 들렀다가 밖으로 나와 차를 타려고 키를 누르고 막 운전석 의자에 앉으려고 했다. 그때 50대쯤으로 보이는 어느 한국 여자분이 서너 발자국 떨어진 곳에서 걸어오시며 "그 차, 내 차인데요" 하는 것이었다.

"어어, 네에…?"

그러고 나서 안을 둘러보았는데 인테리어도 분명 까만색 내 차였다. 그런데 타다 말고 다른 쪽을 보니 내 차와 똑같은 은색 차가 서너 발자국 너머에 한 대 더 있었다.

2년 전에 3년 된 중고차(Used Car) 실버 메르세데스 벤츠300을 샀는데, 그분 차하고 색깔과 인테리어까지 완전히 똑같아서 내가 착각을 한 것이었다. 그런데 기가 막힌 것은, 그분도 다른 가게에서 걸어 나오면서 같은 시간에 차 키를 눌렀고 나도 차 키를 눌렀기 때문에 동시에 문이 열렸고, 나는 세운 지점을 깜빡 잊고 가까운 쪽에 있는 차에 타려고 한 것이다. 그분도 신기했는지 내 차 쪽으로 와서 혹시 자신의 키로 내 차가 열리는지 테스트해 보고 자기 차로 갔다.

그 후 각자의 차를 타고 헤어졌는데, 내가 오면서 생각해 보니까 깜빡 실수해서 미안하다는 말도 못하고 그냥 떠나온 것을 알았다. 죄송하다는 말이라도 했어야 하는 건데, 그때는 다소 당황해서 그냥 떠나온 것이 마음에 걸렸다.

낮 11시쯤이어서 대낮이긴 했지만, 그래도 엉뚱한 남자가 자기 차 문을 열고 자리에 앉으려고 했으니 얼마나 놀랐겠는가. "강도야!!" 하고 소리를 안 지른 것만도 다행이었다. 하하.

그래도 내 얼굴이 차도둑이나 강도같이 생기지는 않았나 보다.

혹시 이 글을 보시면 "죄송했습니다. 소리 지르지 않으셔서 감사합니다. 그리고 어쩌다 또 한인타운에서 만나게 되면 커피라도 한 잔 대접하겠습니다"라고 전하고 싶다.

세 친구

　　한국 여행에서 기억에 남는 세 친구를 만났다. 한 친구는 고등학교 동창이면서 나를 맨 처음 예수님께 인도했던 박기태 장로님인데, 그는 어렵던 시절 나에게 자취방을 나누어 준 가장 고마운 친구이다. 두 번째 친구는 현재 광주에 살며 겨자씨교회 안수 집사인 김상호이다.

　　이들은 같은 신앙 안에 있기 때문에 참 편하고, 그들이 살아가는 모습을 보기만 해도 기쁨이 되는 친구들이다. 생활은 부유하지 않을지라도 믿음으로 살아가는 그들에게 하나님이 복을 주셔서 자녀들이 좋은 사람을 만나고 복을 받은 것을 보았다.

　　세 번째 친구는 36년 만에 만난 김관제라는 친구이다. 직장 생활을 하기 전 광주 학생회관에서 이른바 고시 공부를 할 때 약 2년 동안 마음을 나눈 친구인데, 1년 전에 광주고등법원장을 끝으로 법관 생활을 마치고 변호사를 개업했다. 법관 생활 동안 아주 강직하고 청렴해서 지역사회에서 많은 존경을 받은 친구이다. 학생회관 부근에서 맛있는 갈치구이 대접을 받고, 호텔은 무등산 자락에 있는 경관이 좋은 호텔을 예약해 주었다.

오랜만에 만난 친구를 대접하는 그의 겸손과 정성에 놀랐는데, 더 놀라운 것은 그가 크리스천이 된 것이었다. 내가 직장을 잡아 서울로 온 후 사법연수원에 다니던 그를 찾아가 전도를 하였는데, 그때는 불신자여서 앞으로 전도하려면 찾아오지도 말라고 할 만큼 단호한 친구였다. 그런데 작년 퇴임 무렵에 인생을 진지하게 생각하게 되었고, 후배의 전도로 예수님을 영접하고 진실한 신자가 되어 있었다. 그래서 식사 자리에서 그를 위해 기도하며 너무 기쁘고 마음이 뜨거워졌다. 나는 어쩌다 한 번씩 기억날 때 기도할 뿐이었는데, 주님을 영접하여 참 감사했다.

친구는 어릴 때도 필요하고 중요하지만 나이가 들어서는 더 필요한 존재인 것 같다. 직분과 빈부 차이를 떠나 오랜 친구로 남는다는 것은 참 소중한 일이다. 난 별로 자격이 없고 그들을 위해 한 것이 없는데, 그들을 만날 때면 어김없이 '조 목사'로 불려지는 것을 보고 내가 더 믿음의 좋은 본을 보여야 되겠다는 생각을 하게 된다.

요즘 한국에는 텔레비전에서 아침에 '친구야'라는 프로그램이 방영되는데, 60 이후까지 아름답게 친구로 지내는 사람들의 사연이 방송된다고 한다. 친구가 친척보다 더 편하고 그리울 때가 많다. 오래 묵은 된장처럼 다정한 친구, 특히 같은 믿음을 가진 친구라면 얼마나 편하고 대화가 잘 통하는지 모른다. 이번 한국 방문에서 좋은 친구들을 다시 확인하고 미국으로 돌아오면서 내가 사는 휴스턴에서도 더 좋은 믿음의 친구들을 사귀어야겠다는 생각을 하게 된다. 내가 먼저 섬기고 마음을 열어서….

아버지

4살 때는 아버지가 모든 것을 할 수 있다고 생각한다. 12살 때는 아버지는 나의 행동을 제한하는 폭군이라고 생각하고, 20살 때는 내 아버지의 사고방식은 너무 낡았다고 단정한다. 그러나 30대 중반의 나이가 되면, '이런 경우라면 아버지는 어떻게 하셨을까?'를 묻고 싶고, 50대가 넘으면 이제는 볼 수 없는 아버지를 그리워한다.

CNN 설립자 테드 터너의 아버지는 그의 아들을 열두 살 때부터 자신이 운영하는 광고회사에 데리고 나가 혹독하게 일을 시켰다. 사업에 대해 가르치고 훈련시켰지만 아버지는 정작 성공하지 못하고, 아들이 스물네 살 때 회사 합병을 통한 채무 관계로 자살하고 만다. 테드는 도산 직전의 아버지 회사를 물려받아 살려 내고, 치킨 누들이라고 놀림 받던 애틀랜타의 작은 방송사를 사들여, 방송 거대 재벌인 24시간 뉴스채널 CNN과 스포츠 전문 채널 ESPN으로 키웠다.

아버지는 실패한 인생을 살았지만, 그의 정신 속에는 일찍 자고 일찍 일어나서 12시간 일하라는 아버지의 정신이 살아 있었다. 어떻게 훌륭하고 충성스런 사람들을 고용할 것인가 하는 방법도 배웠다. 테드가 사업과는 아무 상관이 없는 브라운 대학의 철학과에 들어갔을 때 아버지는 절망하고 화를 냈다. 그러나 아들은 아버지보다 더 멋진 인생을 살았고, 유엔에 10억을 기증할 만큼 자선 사업가로서도 이름을 날리고 있다.

아버지들은 자식이 자신의 기대치에 못 미칠 때 실망하고, 자녀를 위해 베푼 아낌없는 사랑과 희생이 헛된 것이 아닌가 아쉬움과 아픔을 느끼게 된다. 그래서 자녀들에게 요구하고 강압적이기 쉽다. 어릴 적 나의 아버지는 가난했지만 자식을 위해 아낌없이 희생하는 분이셨다. 다정다감하지 않았어도 속깊은 사랑이 있었다.

나는 아이들에게 어떤 아버지인가 생각하게 된다. 자식들에게 성공을 바라며 기대치에 못 미칠 때 실망하는 아버지는 아닌가? 그들과 진심어린 대화를 나누며 그들의 아픔과 고민을 들어주는가? 표현을 잘 하지 못하고 조급하지는 않는가? 나는 정말 그들의 울타리가 되어 주고 그들의 정신의 기초가 되기에 부족함이 없는가 되돌아보게 된다.

칼릴 지브란은, 부모는 자녀를 자신의 소유나 욕구 실현의 수단으로 삼아서는 안 되고, 쏘는 활처럼 멀리 날아갈 수 있도록 시위를 당겨 주어야 한다고 했다. 특히 장성한 자녀들이 어려움에 처했을 때, 그들이 마음 편하게 다가올 수 있도록 보듬어 주어야 할 것이다.

가수 인순이는 "어릴 적 내가 보았던 아버지의 뒷모습은 세상에서 가장 커다란 산이었습니다. 지금 제 앞에 계신 아버지의 모습은 어느새 야트막한 둔덕이 되었습니다"라고 말한다. 흑인으로 한국전쟁에 참여했던 그의 아버지는 인순이가 뱃속에 있을 때 떠나갔다. 어릴 적 편지가 몇 번 오가고는 그것이 끝이었다. 한국에서 혼혈아로 살면서 평생 아버지를 그리워한 그녀는 "부디 사랑한다는 말을 과거형으로 하지 마십시오"라고 고백한다. 그리고 노래를 가슴 깊은 곳에 담아 두기만 했고, 또 긴 시간이 지나도 사랑한다고 말하지 못했던 것을 못내 후회한다.

인순이는 자신은 "사랑했었다"고 과거형으로밖에 못했던 그 말을 '지금' 우리에게 꺼내 놓는다. 이것은 자식이 부모에게 하지 못한 그 말만을 뜻하는 건 아닐 것이다. 어쩌면 부모가 자식에게 하지 않은 그 말이기도 할 것이니까. 나는 아버지에게 사랑한다는 말을 못했지만, 내 아들에게는 현재 진행형으로 사랑한다고 말하고 싶다. 그래서 좋은 아버지가 되고 싶다. 성경은 말한다.

"또 아비들아 너희 자녀를 노엽게 하지 말고 오직 주의 교훈과 훈계로 양육하라"
(엡 6:4).

존경받는 아버지로 산다는 것은 쉬운 일이 아니지만 가장 가치 있고 중요한 일임에 틀림없다.

안드레아 보첼리

　　　백 마디의 말이나 천 번의 유창한 연설보다 때로는 한 곡의 아름다운 노래가 더 아름답고 가슴에 와닿을 때가 있다. 쓰는 언어가 달라서 그 가사조차 다 이해하지 못해도, 그 곡조가 길게 여운이 남고 메아리칠 때가 있다. 이탈리아 가수 안드레아 보첼리(Andrea Bocelli)가 부른 'Time to Say Goodbye'는 그런 노래이다. 슬프면서도 아름답고 강한 노래이다.

　　그는 감미로운 목소리를 가진 테너인데, 클래식만 고집하지 않고 팝도 부르는 팝페라 가수이다. 1994년 산레모 가요제에서 신인상을 받은 이래 팝과 클래식, 그리고 8개의 오페라 음악을 포함한 13개의 솔로 음반을 발표하여 세계적으로 7천만 장이 팔렸다. 셀린 디온과 같이 부른 영화 주제가 'The Prayer'로 골든 글로브 최고 가수상을 받았다.

　　그는 선천적인 녹내장을 앓았는데, 열두 살 때 축구 시합을 하다가 충격을 받고 실명했지만 어려움을 이기고 세계적인 음악가가 되었다는 사실에 더욱 감동을 받았다.

　　그는 이탈리아 토스카니주 피사 근교의 라자티코에서 조그만 농장을 경영하는 농가에서 태어나 여섯 살 때 피아노를 배우고 음악에 소질을 나타냈지만, 먹고 살기 위해 법대를 나오고 1년 동안 법정 변호사로 일했다. 그가 본격적으로 가수의 길을 가게 된 것은 세계적으로 유명한 산레모 가요제를 통해서였다. 그는 세계를 돌아다니며 수많은 공연을 했는데, 2006년에는 휴스턴 토요타 센터에서도 공연했다.

그의 공연 가운데 내게 가장 인상적인 것은, 그의 고향 라자티코에서 2007년 7월 5일 저녁에 열린 야외 콘서트이다. 그 콘서트에는 케니G, 피아니스트 랑랑, 가수 라우라 파우시니, 사라 브라이트만, 엘리사, 트리니다드토바고 출신의 흑인 여가수 헤더 헤들리 등이 출연하였으며, 'Vivere Live in Tuscany'로 발매되었다.

노을지는 석양 무렵에 시작하여 어두운 밤을 수놓는 야외 무대에서 펼쳐진 공연은 환상적이다. 유튜브(Youtube)에 들어가면, 그가 사라 브라이트만(Sara Brightman)과 부른 'Time to Say Goodbye' 등을 들을 수 있다. 그가 기타 반주에 맞추어 부드럽게 부르는 '베사메무초'와 자신의 피아노 반주에 맞추어 흑인 가수 헤더와 함께 부르는 'vivo per lei'도 참 멋있다.

한국 사람은 기회만 되면 노래 부르기를 좋아하는 민족이다. 그런 점은 이탈리아 사람과 비슷하다. 그가 역경을 헤치고 성공한 음악가란 점에서 나는 한국 가수 중에 임재범을 떠올리고 그의 노래 가운데 '고해'를 생각한다. "어찌합니까? 어떻게 할까요?"로 시작하는 그의 노래는 짙은 우수와 감동을 준다. 그녀 하나만 허락해 달라는 그의 외침은 신에 대한 경외심이다. 어둠의 터널을 지나온 사람만이 부를 수 있는 노래이다.

아래는 'Time to Say Goodbye' 가사의 한 부분이다.

이제 가지 않으면 안 되요 최고의 미소로
이별의 숫자만큼 강해져 가요
눈을 감으면 언제라도 만날 수 있어요
언젠가 다시 만나요
우리 잊지 않도록 꼭 끌어안아요

은혜로운 찬송가와 눈물의 감동을 주는 복음성가도 좋지만, 때로는 이런 노래도 우리의 가슴을 뭉클하게 한다. 이탈리아에 가지 않고도 편히 소파에 앉아서 인터넷으로 이런 노래를 듣고 공연 실황을 볼 수 있으니 참 편리하고 좋은 세상이다.

약해지지 마

근래에 일본에서 '시바타 도요'라는 99세 된 할머니가 처음으로 시집을 펴냈다.

시집의 제목이 《약해지지 마》이다. 출판된 지 6개월 만에 70만 부가 팔려 나갔다. 책의 내용이 모두 위로와 격려에 관한 시다.

그분이 쓴 시를 소개한다.

난 괴로운 일도 있었지만 살아 있어서 좋았어.
너도 약해지지 마.
바람이 유리문을 두드리길래 안으로 들어오라 했지.
햇살까지 들어와 셋이서 수다를 떠네.
할머니 혼자서 외롭지 않아?
바람과 햇살이 묻기에 '인간은 어차피 다 혼자야' 나는 대답했네.
나 말이야, 사람들이 친절하게 대해 주면 마음속에 저금해 두고 있어.
외롭다고 느껴질 때 그걸 꺼내 힘을 내는 거야.
당신도 지금부터 저금해 봐, 연금보다 나을 테니까.

1911년 부유한 집에서 외동딸로 태어났는데, 10세 때 집이 망해서 어린 나이에 음식점에서 허드렛일을 하다가 20세 때 결혼을 했다. 그러나 곧 이혼당하고, 33세에 재혼을 했는데 여전히 가난한 생활을 하다가 남편이 죽자, 그 후 혼자서 살아왔다. 지금 99세이다.

처음에는 지난 과거를 생각하며 "빨리 죽어야 해"라는 말을 입에 달고 살았는데, 우연히 시를 쓰기 시작했다고 한다. 특별한 형식도 없이 마음 가는 그대로 썼다. 그리고 시의 초점은 모두 위로와 격려에 맞추었다. 그랬더니 그 후 "빨리 죽어야 해"라는 말을 하지 않게 되었다고 한다. 그래서 이런 시도 썼다.

나 말이야 죽고 싶다고 생각한 적이 몇 번 있었어.
그렇지만 시를 쓰면서 사람들에게 격려 받으며
이제는 더 이상 우는 소리 하지 않아.
99세라도 사랑을 하는 거야.
꿈도 꿔, 구름도 타고 싶은 걸.

이런 평범한 언어로 시를 썼는데, 이 무명의 할머니의 시로 인해서 일본 사람들이 많은 감동을 받고 있다. 여러 가지 절망스러운 상황을 만나면서 살고 싶은 의욕까지 잃었던 할머니를 살린 것은 8할이 다른 사람들의 따뜻한 위로의 말이었다. 이제 할머니는 위로를 다른 사람에게 돌려주는 사람이 되었다.

세상은 그렇게 서로 위로하고 살아야 한다. 우리는 위로가 필요한 세상에 살고 있다. 대학을 마쳤지만 경제 사정이 나빠 취직이 안 되는 젊은이에게 내 자식을 사랑하는 마음으로 위로하고, 거듭된 실패 때문에 살맛을 잃은 어느 중년에게도 위로가 필요하다.

특히 노인들이 감당하기 힘든 것은 경제적인 것보다 외로움이다. 한 식탁을 쓰는 가족이라도 얼마나 속마음을 몰라주는 때가 많은가? 진정한 하나님의 위로를 아는 사람은 남을 어떻게 위로할 것인가를 안다(고후 1:4). 내가 받은 상처가 크다고 생각하지만 남도 똑같다. 상대방에게 요구하거나 판단하지 말고 먼저 위로하기 바란다. 사람은 영적인 존재라서 위로받을 때 마음에 감동이 흐르고 따스한 피가 돈다.

다가오는 성탄에 내가 진정으로 위로하고 격려해야 할 한 사람은 누구인가? 주님의 낮아지심 앞에서 서로를 진정으로 위로하고 따뜻한 말로 격려하여 살 만한 세상을 만들어 갔으면 좋겠다.

영원한 것을 사모하라

이탈리아 밀라노의 한 성당 문 오른편에 보면 장미 문양 조각이 있고, 그 밑에는 "우리를 즐겁게 하는 것은 모두 순간적인 것이다"라는 글이 새겨져 있다. 그리고 왼편에는 가시 십자가 조각이 있는데, 그 밑에는 "우리를 괴롭게 하는 것은 모두 순간적인 것이다"라는 문구가 쓰여 있고, 문 위편에는 조금 더 큰 글씨로 "영원한 것보다 중요한 것은 없다"라는 글이 새겨져 있다.

그렇다. 세상에는 영원한 것이 없다. 달콤한 휴가는 금방 끝나고, 자랑스러운 일은 오래 가지 않아 시들해지고, 혀를 시원케 하는 아이스크림은 곧 입 속에서 녹아 사라진다. 열광하는 함성도 어두움이 내리면 곧 잊혀지고, 밤하늘에는 별들만 반짝인다. 고통도 오래갈 것 같지만 시간이 지나면 잊혀 가고, 묵묵히 참고 견디면 곧 지나가고 만다. 이 세상에서 부딪치는 것들은 즐거움도 고통도 영원한 것은 없다.

인생을 다 산 것 같은, 그래서 더 이상 희망이나 미련이 없을 것 같은 99세 되신 할아버지가 있었다. 그런데 그분이 어느 날 목사님 방을 찾아왔다. 그분은 한의사로서 오랫동안 환자들을 진료하면서 두 부류의 사람을 보아 왔다. 예수 믿는 사람들은 죽을 병에 걸려도 죽음을 두려워하지 않는데, 믿지 않는 사람들은 충분히 살 병인데도 두려워하더라는 것이다. 어떻게 예수님을 믿어야 하는지 궁금하던 차에 주위 사람에게 전도를 받고 목사님 방을 찾아와서 세례를 받고 싶다고 했다. 늦은 나이였지만 그분은 예수님을 영접함으로 영원한 것을 얻은 것이다.

순간의 쾌락과 즐거움에 연연하는 삶은 영원한 것을 사모할 줄 모른다. 인생을 쫓기듯이 살다가 빈 손으로 헛되이 떠나간다. 영원을 사모하는 사람은 멀리 볼 줄 알고 눈앞의 희비에 초연하다. 다른 이와 함께 즐거워하고 같이 슬퍼하되 그것은 진정한 목적이 아니다.

소나무가 많고 계절의 변화가 뚜렷하지 않아 아름다운 단풍과 노란 은행잎을 볼 수 없는 휴스턴에도 어느덧 낙엽 지는 소리가 들린다. 하늘이 이토록 맑은 것을 보면 가을임에 틀림없다. 흘러가는 세월 앞에 우리는 오늘도 한걸음 영원에 가까이 다가섰는가, 아니면 순간에 몸과 마음을 맡기며 살았는가? 잠시 멈추어 서서 점검할 필요가 있다.

영원한 것은 우리 눈에 안 보이는 하나님나라이고, 그분께 속한 것이다. 그 나라를 소망하며 영원을 사모하는 사람은 현재의 삶도 마음의 풍요를 누리며 살맛나는 세상에서 여유롭고 값지게 살아갈 수 있다. 그런 사람은 "하나님의 나라는 너희 안에 있느니라"(눅 17:21)는 말씀처럼, 가는 길이 분명하고 진정으로 돌아갈 고향이 있기 때문이다.

영적인 사람의 일곱 가지 습관

A. W. 토저가 쓴 '영적인 사람의 일곱 가지 습관'을 소개한다. 영적인 사람은

첫째, '행복'해지는 것보다는 '거룩'해지는 것을 원한다. 사람들은 대부분 좀 더 편안하고 행복해지기를 바라지만, 이러한 바람은 그 사람의 관심이 세상에 치우쳐 있기 때문에 생겨난 것이다.

둘째, 주기도문을 고백할 때 '이름이 거룩히 여김을 받으시오며'라는 구절 바로 뒤에 '제게 어떤 희생이 뒤따르더라도'라는 조건을 덧붙이는 사람이다.

셋째, 하나님의 관점에서 사물을 보는 습관이 있다. 사람들은 대개 사물의 겉모양만을 보기 때문에 쉽게 상처받고 흥분하게 된다.

넷째, 사촌이 땅을 사도 배가 아프지 않은 사람이다. 그래서 자신이 낮아지고 다른 사람이 높아지는 것을 기쁘게 받아들일 줄 안다.

다섯째, 죽음에 대해 두려움이 없는 사람이다. 그릇된 모습으로 살기보다는 아름답게 죽기를 원한다. 그래서 단 하루라도 의미 있는 삶을 살기 위해 최선을 다하게 마련이다.

여섯째, 장기적인 안목을 가진 사람이다. 영적인 사람은 세상의 모든 것을 초월하기 때문에 사람들 사이에서 유명해지거나 섬김을 받으

려 하지 않고, 오히려 다른 사람들에게 유용한 존재가 되기 위해 애쓴다.

일곱째, 기꺼이 고통을 감수하는 사람이다. 사람들은 십자가를 생각할 때 고통을 염려하고 자신의 십자가를 지기도 전에 한숨과 탄식에 빠진다. 고난을 당하시고 죽음을 피하지 않으신 주님께 순종한다는 것은 이미 세상적인 것들을 포기하고 고통도 달게 받겠다는 의미이다.

〈울지마 톤즈〉의 주인공 이태석 신부가 아프리카 수단에서 사역하며 지은 책《친구가 되어 주실래요》를 읽으면서 위의 내용을 생각했고, 지난주 우리 교회에서 선교 보고를 하신 임 선교사 부부가 자살 폭탄 테러가 자주 발생하는 나라에서 죽음의 위협을 무릅쓰고 선교를 감당하는 모습을 보면서 다섯 번째 내용을 묵상했다. 그리고 다음 주에 가게 될 멕시코 레이노사 단기 선교를 앞두고, 총기 사고가 많이 발생하는 불안정한 곳이라고 주위에서 염려하지만, 우리가 감당해야 할 하나님이 기뻐하시는 일인 것을 다시 확인했다.

예수님을 믿는다는 것은 세상에 살지만 육적인 욕심을 버리고 영적인 사람으로 살아가는 것이고, 그에 따른 영원한 상급, 곧 영생을 얻는 것이다.

"생각하건대 현재의 고난은 장차 우리에게 나타날 영광과 비교할 수 없도다"
(롬 8:18).

삶이 한 번뿐이라면 육적인 욕심을 따라 살고 싶은 유혹이 있지만, 믿는 자에게는 한 번의 인생과는 비교할 수 없는 영원한 생명이 준비되어 있기 때문에 영적인 삶을 살아갈 수 있음을 믿는다. 삶은 습관이다. 무작정 행복해지기를 원하지 않고 거룩한 삶의 습관을 들이면 하루하루가 영적인 삶의 모습이 되어 간다.

올레길

　　길을 걷다 보면 마음속에 담아둔 걱정거리가 사라지고 자신감으로 바뀌며, 행복을 느끼게 된다고 한다. 외국에는 유명한 순례길이나 산책로가 있고, 한국의 제주도에도 유명한 올레길이 있다. 올레는 제주 토박이말로 '집 마당에서 마을 길로 들고나는 어귓길'을 뜻한다. 제주 올레길은 그런 길을 이어 이어 만든 길이라고 한다.

　　제주도는 차를 타고 드라이브하기에도 좋은 곳이지만, 걸어서 여행하는 사람들에게도 멋진 곳이다. 마음껏 걷고 싶은 사람들을 위한 아름다운 길은 끊어진 마을 길을 잇고, 잊혀져 버린 길을 살리며, 또 사라진 길을 불러내어 올레길이라는 이름으로 새롭게 탄생했다. 지금 올레길은 서귀포를 중심으로 한 제주 남쪽 바다의 1코스부터 총 19개 코스 312킬로미터 정도가 된다. 한 코스는 보통 10~20킬로미터로 나뉜다.

　　봄에는 검은 현무암과 파란 바다, 노란 유채꽃이 만발한 서귀포 쪽의 7코스가 인기가 많다. 바람 부는 바다보다 흙냄새가 폴폴 나는 흙길을 사랑하는 분이라면 숲길과 밭길을 걸어 보는 것도 추억에 남을 것이다. 제주 올레길은 하늘과 맞닿은 하늘길, 흙냄새 폴폴 나는 흙길, 바람이 지나가는 바닷길까지 수많은 모습을 가지고 있다니, 다음에 한국에 가면 꼭 한 번 가보고 싶다.

제주 올레길은 '놀멍 쉬멍 걸으멍'(놀면서 쉬면서 걸으면서의 제주 사투리)의 길답게 길 중간 중간에 제주도 토박이들이 운영하는 먹고 쉴 수 있는 곳도 많다니 낭만이 느껴진다.

나는 매일 아침 30~40분 동안 집 주위 마을을 걷는다. 아침 일찍 걷다 보면 잡다한 마음들이 정화되고, 때로 신기하게도 좋은 아이디어도 생긴다. 무엇보다 답답함이 없어지고, 마음에 새로운 희망이 솟아난다.

새해가 다가온다. 지난 해 아픔도 있었지만 돌아보면 감사한 일들이 더 많았다. 한 해를 걸어오면서 왜 어려운 일들이 없었겠는가? 어떤 이는 사업이 잘 안 되어서 마음이 힘들고, 또 어떤 이는 자녀가 기대만큼 잘해 주지 않아서, 그리고 건강이 나빠져서 마음 무겁게 걸어온 이들도 있을 것이다. 그러나 주님이 걸어가셨던 십자가의 길을 생각해 보라. 무거운 십자가를 등에 지고 죽음을 향하여 골고다 언덕길을 오르셨던 주님의 길에 비하면, 그리 힘든 길이 아니다.

내년 한 해는 나의 인생길을 어떻게 걸을까 생각하게 된다. 하나님이 주신 꿈을 가지고, 지나친 욕심을 부리지 않고 순리대로 한걸음 한걸음 옮겨 놓기 바란다. 때로는 바다가 보이는 해안길을 걷는 즐거움으로, 때로는 진솔한 흙길을 걷는 순수함으로 삶의 길을 즐기시기 바란다.

올 한 해 동안 실패에 대한 아픈 기억들이 있을지라도, 실패는 성공의 디딤돌이라는 생각으로 새로운 길을 개척하고 힘찬 발걸음을 내딛기 바란다. 무엇보다 나의 삶이 값진 인생길이 되기 위해서는 복음 안에서 설계되고 걸어가야 함을 잊지 말고, 주님의 인도하심을 구하는 새해가 되기를 기원한다.

전원 타입, 도시 타입?

지난 주말 두 가지 다른 라이프 스타일을 가진 사람을 만났다. 한 사람은 전원에 묻혀 농사를 지으며 살고 싶어 하는 사람이고, 다른 한 사람은 사람이 북적거리는 도시가 취향에 맞는 사람이었다. 남편은 전원에 자신이 꿈꾸는 드림하우스를 짓고 싶은데, 아내는 멋진 스포츠카를 타고 싶고 사람이 북적거리는 곳에서 이웃과 더불어 사교 생활을 즐기고 싶어 했다.

텍사스는 도시와 농촌이 어우러진 주라고 말할 수 있다. 뉴욕이나 시카고, 그리고 LA사람들이 보기에는 텍사스 촌사람이라고 할지 모르지만 휴스턴이나 댈러스는 미국에서도 열 손가락 안에 드는 대도시이다.

나는 전원과 도시 분위기가 어우러진 내가 사는 우드랜드가 좋다. 5분 안에 큰 쇼핑몰을 갈 수 있고, 그 주변에는 낭만적인 식당들과 보트가 다니는 워터웨이도 있다. 극장 건너편에는 요즘 뉴욕풍의 카페가 생기고, 추운 날씨에도 길거리와 인접한 야외 카페에 젊은이들이 많이 모인다. 그러나 10여 분만 차를 달리면, 시골 냄새가 나는 콘로가 나오고, 20분을 가면 윌리스 동쪽에 20~30에이커씩 넓은 땅에 거의 모빌 하우스 수준으로 허술하게 집을 짓고 사는 시골풍의 사람들을 볼 수 있다.

나와 친한 더스틴의 부모는 30에이커의 넓은 땅에 텍사스풍 작은 집을 짓고, 뒷마당에는 아예 사슴이 터를 잡고 사는 농촌 생활을 즐긴다. 그곳도 점점 발전하여 도시가 되고 있지만, 차로 5분만 안쪽으로 들어가면 한적한 시골의 모습 그대로이다. 휴스턴과는 달라서 언덕이 있고, 황토흙이 있고, 나무를 태우는 냄새가 나고, 자신이 기른 채소나 과일을 이웃과 나누는 정이 있다.

최근 우리 교회에 오신 어느 분은, 교회도 그렇게 전원에 지어서 여유 있는 땅에서 농사를 지어 이웃과 나누고, 아이들도 자연 속에서 마음껏 뛰놀게 하면 좋겠다고 말한다. 한국에서는 요즘 전원교회가 인기인데, 콘크리트만 보고 사는 도시인들에게 주말만이라도 자연 속에 나가 예배를 드리고, 그곳에서 소풍을 온 것처럼 전원 생활을 맛보는 것은 정서적으로 좋은 일이라 생각된다.

텍사스같이 넓은 땅에 살면서 전원 생활을 체험해 보지 못하는 것은 아쉬운 일이다. 도시 취향인 사람은 도시에 살아야 하고, 농촌의 정겨움을 그리워하는 사람은 한적한 시골에 살아야겠지만, 도시에서 일하면서도 집을 전원에 짓고 다소 먼 거리를 출퇴근하는 사람도 있다.

나는 너무 적막하지도 않고 너무 복잡하지도 않은 곳에 자리를 잡았으니 그것도 축복이다. 이곳에 와서 한 번 이사를 했는데, 이전 집에서는 5분만 걸으면 숲속에서 사슴과 꿩을 자주 보았다. 그런데 지금은 그런 동물을 볼 수 없다는 아쉬움이 있다.

마음속에서라도 전원을 꿈꾸고 자연을 사랑하는 사람은 하나님과 가까운 순수한 사람이라고 믿는다. 하나님은 자연을 지으셨고, 자연은 우리에게 많은 것을 선물한다. 직장과 아이들 때문에 도시에 살지라도 주말에 가끔 전원을 찾으면 바쁜 이민 생활의 피곤을 씻어 낼 수 있을 것이다. 거기서 한결 더 신선한 공기와 푸르른 나무와 아름다운 새소리와 자연의 낭만을 느낄 수 있다. 자연을 벗하면 마음이 정화되고, 이 땅이 살맛 나는 세상이라고 찬미하게 될 것이다.

정말 값진 것들은 거저 주어진다

　　　　간밤에 아무리 피곤했어도 푹 자고 나면 새로운 아침이 열린다. 기지개를 한껏 펴고 일어나면 이른 아침 공기가 신선하다. 밖에 나가면 새벽별이 초롱초롱 머리 위를 지키고 있다가 부끄러운 듯 살며시 숨는다.

　신선한 아침 공기는 새로운 하루를 여는 첫 번째 축복이다. 커피를 끓이고, 빵을 굽고, 내가 만든 라스베리 잼을 발라 식사를 한다. 달걀을 프라이팬에 굽기도 하고 때로는 삶기도 해서 아침 식사와 곁들인다. 창밖으로는 아내가 새들을 초청하기 위해 매달아 둔 새 먹이통에 새들이 와서 재잘댄다. 가끔은 아주 작은 허밍버드가 와서 빨간색 먹이통에 들어 있는 먹이를 긴 입으로 쪼아 먹고, 다른 여러 가지 색을 띤 새들이 아침에 놀러 온다. 그들도 아침 식사가 필요한 모양이다.

　해가 뜨면 실내에 생명 같은 볕이 들고, 이제는 일을 시작해야 할 시간이다. 태양은 항상 변함없이 그 자리를 비춘다. 우리의 삶에 가장 필요하고 귀중한 태양빛이 거저라는 것에 감동한다. 전기를 사서 쓰듯 이것을 만약 돈으로 환산한다면 과연 얼마를 지불해야 할까. 어디를 가도 비춰주는 태양, 지구보다 109배나 큰 태양을 만드셔서 우리를 비추어주는 한 분이 있음에 감사한다.

지구와 가까운 다른 별인 금성과 화성에는 물이 없다. 그래서 어떤 생명체도 살 수가 없다. 우리가 사는 이 땅에는 생명을 풍성케 하는 물이 있음에 살 수 있는 것이다. 더 좋은 물을 마시기 위해 사먹기도 하지만, 원래 물은 거저 주신 것이다. 우리가 오염만 시키지 않고 사용한다면 그냥 마실 수 있다.

태양, 공기, 물 등 우리 생명에 꼭 필요한 가장 값진 것은 거저이다. 보이지 않는 한 가지를 더하자면 사랑, 그것을 풍성히 주셨다. 창조주 하나님이 우리를 사랑하셨고, 서로 사랑하라고 말씀하신다.

아무것도 요구하지 않고 자기가 귀하게 아끼는 아들까지 주신 것을 안다면, 우리는 행복한 삶을 살 수 있을 것이다. 서로 사랑하며 작은 것을 나눌 수 있다. 글을 쓰는 이 아침에도 폐부 깊숙이 들이마시는 공기가 내 생명을 활기차게 한다. 물론 태양, 공기, 물 이것만으로는 우리가 살 수 없지만, 거저 주신 값진 것을 감사하며 살면 다른 필요한 것도 때를 따라 넘치게 채우신다고 믿는다(시 19:1-4).

진실은 낮은 곳에 있다

독일에서 10년을 넘게 신학을 공부하고, 한국에 귀국해서 신학대학에서 조직신학을 가르치던 김요석 목사라는 분이 있다. 그는 학생들을 가르치면서 이론적으로는 하나님에 대해 잘 설명할 수 있었지만, 정말 그들이 필요로 하는 살아 계신 하나님에 대해서는 도와줄 수 없었다.

한 학기를 지나면서 자신에 대해 불만족스러운 마음이 항상 따라다녔는데, 그것이 얼굴에 나타났는지 어느 날 나이 많으신 목사님 한 분이 다짜고짜 물으셨다. "교수님은 하나님을 만나셨습니까?"

그는 대답할 말이 없었다. 그 목사님은 계속해서 말씀하셨다.

"하나님을 알고 싶으시다면 교수직에 머물러 있지만 말고 차라리 다른 일을 해보십시오!" 그러면서 목사님은 한 가지 일을 제안하셨다. "남부 지방에 제가 아는 작은 마을이 하나 있는데, 교회에 목사님이 안 계십니다. 그곳에 가 보는 것이 어떻겠습니까?"

그렇게 해서 가게 된 곳이 음성 나환자들이 모여 사는 영호마을이었다. 첫 예배를 드리던 날 예배 후에 교회당 맨 앞에 앉으신 할머니를 보았다. 얼굴에는 구멍 다섯 개만 뚜렷할 뿐 눈 코 입 형상이 뭉개져 있었다. 예배 후 "목사님, 설교 감사합니다" 하고 손을 내민 다른 할머니의 손에서는 손가락이 다 떨어져 나가 있었다. 김 목사님은 그 손 위에 자신의 손을 포개 악수를 하면서, 하나님이 그에게 손을 내미시는 것 같은 감동을 체험했다. 하나님이 천한 자의 모습으로 낮아져 오셔서 자기를 만나주시는 감동이었다.

그 후 10년 동안 사역을 하면서 신학교에서 만나지 못했던 하나님을 마음속 깊이 만날 수 있었다. 목사님과 악수를 하면서 성한 사람과는 처음 악수를 한다던 그 할머니는, 18세 때 한센병에 걸려 가족들과 딸을 극진히 사랑하던 어머니에게마저 버림을 받고 평생을 소록도에서 보냈다고 한다. 그러나 소록도에 와서 자기를 가족보다 더 따뜻하게 받아 주고 사랑해 주는 소록도 사람들을 통해 친형제보다 귀한 형제 자매를 얻었고, 자신의 아픔과 눈물을 닦아 주시는 예수님을 만난 것이다. 그로 인해 그 할머니의 마음에는 참 평안과 용서와 기쁨이 찾아와서 손가락은 비록 없을지라도 얼굴은 천사처럼 평화로웠다.

성도란 무엇인가? 하나님을 만난다는 것은 무엇인가? 지금의 교회에 초대교회 같은 진정한 교제가 있는가? 자기 교회만 커지기를 바라는 목사들, 십자가를 외면하고 큰 교회에 모여 자랑하는 재미로 사는 성도들이 많은 시대에, 진정으로 하나님을 만나기 위해 좋은 교수직을 버리고 낮은 데로 내려가서 섬기는 삶을 실천한 김요석 목사님 같은 분이 참으로 아름답다.

성도는 하나님을 깊이 만나야 한다. 그러면 성도들 간에도 아름다운 교제가 이루어진다. 간절한 기도로 성령을 받고, 마음을 같이하여 모이기를 힘쓰고, 떡을 떼며 기쁨과 순전한 마음으로 교제한 초대교회 성도들처럼, 현대의 교회들에도 아름다운 섬김과 교제가 이루어질 때 살맛 나는 세상이 되어갈 것이다(행 2:42-47).

천국 연습

금년 7월 9일이면 장모님이 돌아가신 지 2주년이 된다. 자녀를 따라 이민 오시고 LA순복음교회 권사님으로 봉사하셨는데, 세상에서는 빈틈이 있었지만 하나님께는 물질과 전도의 열매를 풍성히 드린 분이기에, 아름다운 천국에서 영원한 삶을 누리리라고 믿는다.

이 땅에 천국같이 아름다운 곳이 있다. 하와이나 피지 같은 남태평양 섬이나 캐나다에 있는 벤프 공원 같은 곳을 사람들은 천국같이 아름답다고 말한다. 하와이의 에메랄드빛 바다, 오염되지 않은 물, 숲 속의 싱그러운 꽃과 새들은 천국같이 아름다운 게 사실이다.

캐나다 벤프 공원에 갔을 때, 그 높고 깊은 산속에 있는 거울처럼 맑은 호수들이 하나둘 있는 게 아니어서, 이곳이 앞으로 우리가 갈 천국이었으면 좋겠다고 생각했다. 그 웅장한 나무와 곰과 한여름에도 얼음을 볼 수 있는 지구의 한 지점에서 하나님은 무엇이든 할 수 있다는 것을 느꼈다.

이외에도 자연환경이 아름다운 곳은 세계 곳곳에 많이 있을 것이다. 남아프리카에 선교사로 다녀온 어느 분은 그곳 해변이 세계에서 가장 아름다울 것이라고 말했다. 파아란 바다와 하얀 모래가 끝없이 펼쳐진다는 것이다.

그런데 천국과 이 땅은 왜 다를까? 그 안에 사는 사람이 다르기 때문이다. 이 땅에서는 마음의 이기심과 욕심 때문에 천국을 잃어버리고 지옥같이 살고 있다. 하나님은 이 땅에서 우리의 삶 가운데 천국을 연습하고 우리가 영원히 거할 천국에 들어오길 원하시는데, 우리는 세상에 자꾸 속아 이곳이 전부인 것처럼 마음을 빼앗기고 살고 있다.

잠시 세상에 내가 살면서 항상 찬송 부르다가
날이 저물어 오라 하시면 영광 중에 나아가리
열린 천국 문 내가 들어가 세상 짐을 내려놓고
빛난 면류관 받아 쓰고서 주와 함께 다스리리.

성경은 이 땅의 삶을 '잠시'라고 말한다. 그렇다. 이 땅의 삶은 잠시 있다가 사라지는 안개 같은 것이다.

우리의 삶이 강건하여 80~90이라도 영원히 살 천국의 삶에 비하면 잠시인 것이 맞다. 그런데 이 잠시를 즐기다가 영원한 천국을 잃어버린다면 얼마나 어리석은 삶이 될 것인가.

그러면 이 땅은 무엇을 하라고 우리에게 주신 것일까? 천국을 연습하라는 것이다. 누구에게나 기회를 주되 이곳에서 천국을 연습하고, 그 나라에 마땅한 사람만 하나님이 선발하여 들어가게 하신다. 그래서 이 땅에서의 삶이 무책임해서는 안 된다. 하나님 나라에 합당한 사람으로 빚어져야 하고, 그분이 보시기에 거룩한 모습으로 거듭나야 한다. 천국은 미움과 상함이 없는 곳이라고 했는데, 이 추한 모습을 그대로 가지고 간다면 얼마나 천국에서 말썽을 일으키겠는가.

천국의 시민으로 빚어지는 것은 우선 그의 아들의 이름을 믿는 것이다. 그분이 이루신 죄 사함 속에 들어가는 것이다. 그분을 내 안에 살게 함으로 육신에 속한 더러운 욕심과 불안과 교만을 버리는 것이다. 내 옆에 있는 사람을 하나님께서 주신 형제자매로 인정하고 내 가족같이 사랑하는 것이다.

이 땅에서의 삶은 천국의 예행 연습이다. 영원한 나라를 상급으로 얻기 위해서는 이 연습이 정말 진지하고 진실해야 한다. 나 자신과의 싸움에서 이겨야 한다. 천국은 멀리 있는 것이 아니다. 현재의 삶에서 천국 생활을 연습할 때 이곳이 천국 같은 나라가 되고, 우리가 육신의 장막을 벗어 버리는 날 영원한 하나님 나라에 빛나는 모습으로 들어가리라.

커피 세례, 그 향기

나는 커피를 좋아한다. 첫 한 모금을 마실 때 입안에 번지는 향이 기분을 상큼하게 할 뿐만 아니라, 커피를 내릴 때 커피 봉지에서 나는 향도 좋다. 하루의 시작은 아침이고, 아침에 커피를 마셔야만 하루가 시작되는 느낌이다.

빵으로 하는 아침 식사는 커피가 꼭 있어야만 한다. 누군가 사람을 만날 때면 동네에 있는 라마드린에서 아메리카노 커피를 마신다. 그렇다고 커피 마니아처럼 에스프레소로 진하게 자주 마시는 것은 아니지만, 커피는 나의 하루를 여는 데 빼놓을 수 없는 친구이다.

4년 전 성도인 제니 자매가 남편이 코스타리카를 여행하면서 사온 커피를 대접했는데, 그때부터 집에서는 코스타리카산 원두커피를 마신다. 화산으로 이루어진 흙에서 자란 탓인지 맛이 부드럽고 깨끗하다. 2년 전 코스타리카 커피 농장에 가 보았는데, 초록잎 사이에 빨갛게 익은 열매가 참 매력적이었다.

윌리엄 유커스가 지은 《커피의 모든 것》에 소개되고 있는, 커피 발견에 얽힌 전설이다.

7세기경 아프리카의 에티오피아에서 칼디라는 이름의 양치기 소년이 자기가 기르고 있는 염소들이 흥분하여 이리저리 뛰어다니고 그 날 밤 잠을 자지 못하는 것을 발견했다. 그동안 얌전했던 염소들이 갑작스레 흥분한 모습을 본 칼디는 그 뒤로 염소들의 행동을 주의깊게 관찰하였으며, 그 결과 염소들이 주변에 있는 어떤 나무의 빨간 열매를 따 먹었을 때 이러한 현상이 일어난다는 것을 알게 되었다. 그것이 바로 커피나무이다.

칼디도 먹어 보니 몸에서 힘이 나고 기분이 상쾌해지는 느낌이었다. 칼디가 승려에게 권했는데, 승려는 불에 태우고 악마의 유혹이라고 하며 먹지 않고 일반 사람들도 마시는 것을 금했다. 그때부터 커피는 악마의 유혹이라는 꼬리표가 붙어서 교회 지도자들이 반대하고 금해 달라고 하였는데, 1605년 당시 교황이던 클레멘트 8세가 판결을 내리기 전 시음을 하고 나서 커피에 반해서 커피에 세례를 주고 기독교의 음료가 되었다.

오늘날 마시는 커피는 만드는 스타일에 따라 다섯 가지로 나눈다. 에스프레소는 가장 기본이 되는 것인데, 원두를 25초 만에 내리는 원액에 가까운 커피이다. 아메리카노는 뜨거운 물을 1대 2 비율로 섞는데, 순한 편이고 가장 많이 마시는 커피라고 볼 수 있다. 커피라떼는 에스프레소에 스팀 밀크를 넣어 만든 커피인데, 라떼는 우유를 뜻하는 말이다. 카푸치노는 커피와 우유의 양이 반이고, 시네몬을 뿌린다. 카페모카는 에스프레소에 초콜렛 소스와 스팀 밀크와 그 위에 휘핑 크림을 얹은 커피이다.

한국 사람들이 왜 그렇게 커피를 좋아하는지 지난해 커피 수입액이 4억 달러가 넘었다고 한다. 옛날에는 다방에서, 지금은 커피 전문

점에서 서로 만나 대화를 나누는 문화가 한몫했을 것이다. 커피는 카페인이 있어서 각성제 역할을 하고 기분을 상쾌하게 하지만 무엇보다 그 독특하고 은은한 향기가 좋다.

또한 커피는 기억력을 향상시키고, 뇌졸중과 당뇨병 위험을 낮추고, 입냄새를 없애며, 다이어트 효과가 있다고 한다. 그 외에 우울증과 자살율을 떨어뜨리며 지구력을 높인다고 하니 나는 커피 예찬론자이다. 아침에 마시는 한 잔의 커피 향이 낮은 자리에서 섬기는 크리스천의 삶의 모습으로 향기가 되어 퍼져 나간다면, 이 땅이 더 살맛나는 세상이 되지 않을까 싶다. 집에 손님이 찾아오면 기쁨으로 커피를 대접하듯이 우리의 삶이 항상 은은한 향기로 채워지면 좋겠다.

꿈꾸는 사람들

12월이다. 금년에 어떤 꿈을 이루었고 내년에는 어떤 꿈을 꾸는가? 꿈을 잃어버린 사람은 불행한 사람이다. 우리에게 꿈이 있으면, 나그네 인생길인 우리의 삶에 살아갈 맛과 이유가 있다. 이전에는 나이가 많아지면 꿈이 없이 그냥 일상을 소일하는 사람들이 많았다. 꿈이 없으면 슬프고 아무것도 이루지 못한다. 꿈이 없으면 그날그날의 시간을 의미 없이 소비하고 만다.

한 해 동안 꿈을 이루는 데 실패하였는가? 다시 꿈을 꾸라. 미래에 대해 선명한 그림을 그리기 바란다. 아주 구체적으로 언제까지 무엇을, 또는 재정을 목표로 하면 액수까지 정하고, 그것이 이루어진 환상을 현실처럼 보기 바란다. 꿈은 성취되고야 만다는 믿음을 가지라. 이제는 70이 되어도 더 이상 할머니 할아버지가 아니다.

나는 65세에 교사를 은퇴하고, 4년을 정원을 가꾸며 소일하다가, 69세에 동네 노인대학에서 그림 공부를 하고, 70세부터 그림을 그리기 시작해서 90세까지 일곱 번의 개인전을 하고 유명한 화가로 살다 간 한 사람의 이야기를 알고 있다.

마틴 루터 킹 목사는 젊은 시절 흑인 차별이 심하던 시대에 살면서 이런 꿈을 가졌다.

> 나는 언젠가 조지아의 붉은 언덕에서, 그 옛날 노예의 후손과 노예를 부리던 사람들의 후손이 형제 우애를 나누며 한 식탁에서 자리를 함께 할 수 있을 것이라는 꿈을 갖고 있습니다. 나는 내 어린 네 명의 아이들이 그들이 지닌 피부색으로 구별되는 나라가 아니라 그들이 품고 있는 인격으로 판단되는, 그런 나라에서 사는 날이 오리라는 꿈을 갖고 있습니다.

그 꿈은 그야말로 꿈처럼 보였지만 50년이 못 되어 다 성취되었다.

작은 교회 목사인 내게는 이런 꿈이 있다. 초대교회처럼 복음적이고 성서적인 교회를 세워 보고자 하는 꿈이다. 복음만이 삶의 푯대가 되고 진실한 섬김과 나눔이 있는 교회, 사랑과 화평과 기쁨이 충만한 교회, 그런 교회를 가꾸는 꿈이 있다.

많이 가졌다고 자랑하거나 교만하지 않고, 더욱 겸손히 섬김으로 본이 되는 사람들, 못 가졌어도 믿음이 있기 때문에 행복한 사람들, 남의 말을 함부로 하지 않고 아름다운 말, 위로와 칭찬의 말을 함으로 서로 힘이 되는 교회, 모이면 서로 떡을 떼며 소박한 사랑을 나누는 그런 교회를 이루어 나가길 소망한다.

예배를 마치면 공원에 나가 아이들과 축구도 하고, 청년들과 테니스도 치고, 토요일 새벽 기도회 후에는 교회 성도들과 커피 한 잔을 나누며 삶의 무게와 향기를 나눌 때, 세상에서는 느낄 수 없는 살맛나는 공동체를 이루어가게 될 것이다.

아무리 가진 것이 많아도 꿈을 잃어버렸다면 그때부터 내리막길이다. 모두가 알 것이다. 내리막길에서 차가 고장이 나면 브레이크를 잡기가 힘들다는 것을…. 요엘은 성령이 임하면 아이들은 장래 일을 말하고, 늙은이는 꿈을 꾸며, 젊은이는 비전을 볼 것이라고 했다(욜 2:28). 꿈을 가진 사람은 아름답고 생명이 넘친다. 그 꿈을 이루기 위해 부지런히 노력하기 바란다. 축복의 하나님은 반드시 우리의 꿈이 성취되도록 도우실 것이다.

달빛이 마음대로
침실을 드나들 수 있는 집

얼마 전 내게 책 두 권을 보내 준 이은일 장로님은 시인이며 수필가인데, 두 번째 수필집 제목이 《보이지 않는 흔적》이다. 어릴 적 아버지로부터 들었던 싱가포르에 대한 기억을 찾아 여행하며, 아버지의 보이지 않는 흔적을 따라갔던 글을 제목으로 삼았다.

그중 '내 뜰에는 꿈이 있습니다' 라는 소제목의 글에 이런 내용이 있다.

지난날 그 사람에게 정원이 좀 작고 달빛이 마음대로 침실을 드나들 수 있는 집으로 이사를 가자고 한 적이 있다. 그러나 그 사람이 떠나고 나니 이렇게 넓은 정원이 있다는 것이 그렇게 고마울 수가 없다. 뜰 안에 벚꽃이 흐드러지게 피는 날, 뒤안길도 꽃밭이 한창이다. 마음도 몸도 꽃빛깔로 젖어 오면 이웃을 불러 소찬을 나누고, 커피를 마시면서 꽃비에 젖는다. "내 접시에 꽃잎이 내리네!" "어머! 자기 머리에 꽃잎이 뿌려졌네!" 가는 바람에도 연신 흩날리는 꽃잎을 보며 지르는 탄성들이다.

그는 몇 년 전 사랑하는 남편을 하나님 나라에 먼저 보내고, 미시간에 있는 그의 집 3539 stagecoach drive에 1에이커나 되는 큰 꽃정원을 가꾸며 산다. "까만 흙속에 손을 묻으면 온갖 꽃들이 내 손끝에서 피다 가는데 어찌 손을 아끼랴"고 고백하는 그의 글 속에서 꽃을 참으로 사랑하는 마음이 묻어난다.

종자학을 전공한 농학박사로서가 아니라, 흙 속에 손을 묻으면 진실하게 피어나는 그 꽃들의 진실한 웃음에 반해서 꽃들을 가꾸고 그들과 대화하고 삶을 배운다. 그는 여행을 좋아하고 한국에 갈 때면 된장국을 끓일 수 있는 뚝배기를 몇 개씩 사들고 올 뿐만 아니라, 한국에서 방문하는 이들에게 항아리를 선물하라고 하여 연못가에 장독대를 만드는 즐거움도 누릴 줄 아는 분이다.

자신의 그림 선생이기도 한 이웃집에 사는 화가가 그려 준 자신의 정원에 있는 초막과 연못 그림을 보고 "그림 속으로 자리를 옮긴 내 초막과 연못이 그렇게 아름다울 수 있다"는 사실에 감사하며 산다. 그는 누군가가 "너무 아파요" 할 때 그것을 들을 수 있는 귀를 가졌고, 마음이 아프고 가난한 이들을 그냥 지나칠 수 없는 하늘의 심성을 가졌다. 그렇다. 누군가를 도울 수 있는 사람으로 존재할 수 있다는 것은 아무에게나 주어지는 축복은 아니다.

나는 어제 저녁 늦게 산책을 하다가 같은 동네에 사는 다솜이 부모를 만났다. 비록 세 들어 사는 집이지만, 지붕 한켠에 유리 창문이 있어 거실에 앉아 있으면 키 큰 소나무 가지들이 보이고 밤이면 지나가는 달이 보여서 너무 행복하다고 했다.

어머니의 날(Mother's day)에 설교를 하며 정말 한 생명이 천하보다 귀하다는 말을 내가 진실로 믿는가 생각해 보았다. 성도들에게 물었지만 실은 내게 한 질문이었다. 지난 밤 늦게 이 글을 쓰던 중 외출 나간 고양이를 찾으러 잠깐 밖에 나갔다가 하늘의 별을 보았다. 달만 구름에 비껴가는 것이 아니라 별도 하얀 구름 사이를 달려가고 있었다. 하나님은 우리 사람만큼 수십억의 많은 별을 지어 놓으셨는지도 모른다. 그 한 별과 나를 맞바꿀 만큼 우리 각자를 귀하게 여기신다고 믿는다. 사람을 사랑하는 사람은 자연을 사랑한다.

나는 하나님의 은혜로 커튼만 젖히면 달빛과 별들이 마음대로 내 거실과 침실을 드나드는 정원을 가진 집에 살고 있다. 달빛 아래 아내가 심어 놓은 뒤뜰의 장미를 볼 수도 있다. 근래에 읽은 책 중 소박하고 진실한 감동이 있는 이 책을 통해, 나도 더 가지려 하기보다 현재 내게 남겨 주신 것들에 감사하며, 나와 친하지 않은 사람일지라도 "너무 아파요, 도와주세요"라고 말할 때 주저하지 않고 달려가는 사람이 되어야겠다고 다짐한다.

하나님의 음성에 순응하고 자연과 친하면 이런 마음이 녹슬지 않을 것이다. 나이가 들어도 내 마음이 좁아지지 않고 모든 자연을 두루 비추는 달빛처럼 부드러움으로 남고 싶다. 그래서 이 세상에 작은 별이 된다면, 은은한 달빛이 된다면 남은 인생이 아름다우리라.

남이섬에서 만난 사람들

강원도 춘천에 있는 남이섬에 갔다. 이곳은 행정구역으로 강원도 남산면 방하리 끝자락인데, 홍수 때만 섬이 되는 곳이었다. 청평댐이 생기면서 이제는 완전히 섬이 되어 가평읍 달전리에서 배를 타고 건너가야 한다.

섬 이름은 남이 장군의 이름을 따라 지어진 곳이고, 옛날에는 북한강 상류에 주로 모래가 많아 땅콩 농사를 지었다는데, 지금은 아름다운 관광지로 탈바꿈하였다. 메타세콰이어 나무가 곧게 뻗은 산책로가 장관인 이 섬에서 〈겨울연가〉가 촬영되어, 이 드라마를 기억하는 많은 동남아시아 사람들이 찾아오고 있었다.

배용준과 최지우가 마주 보며 서 있는 동상 앞에서 중국과 일본에서 온 젊은이들이 똑같은 포즈로 서서 사진을 찍으며 즐거워하는 모습들이 보였다.

1965년 땅콩밭이던 남이섬을 한국은행 총재를 지낸 민병도라는 분이 사들여서 나무를 심기 시작했고, 한때는 서울에서 멀지 않은 탓에 술집 등 유흥가가 들어서서 퇴폐하고 삭막한 곳이었다. 그런데 2000년 디자이너 강우현 씨가 사장을 맡아 여의도의 5분의 1 크기인 이 섬을 문화와 예술의 섬으로 만들면서부터 많은 관광객과 어린이,

그리고 가족들로 넘쳐나면서 유명한 관광지가 되었다. 한해 약 150만 명의 관광객들이 찾아온다고 하는데, 10분마다 출발하는 배가 관광 온 사람들을 실어 나르고 있다.

섬 안에 작은 기차도 다니고 기찻길 건너에 악기 전시관이 있는데, 그 건물에는 상설 공연장이 있다. 월요일과 화요일은 쉬고 매일 '해와 달' 공연을 하고 있다. 우리가 찾아간 그날은 남편인 해님은 음악가들의 모임이 있어서 자리를 비우고, 아내인 달님 혼자 노래를 부르고 있었다. 부부 듀엣은 세 개의 음반을 낸 별로 유명하지 않은 가수인데, 히트곡은 단 하나 '축복'이란 곡이다.

다시 세상에 태어나서도 나는 당신을 만나고 싶소
주어도 아직 다 못 준 사랑이 남아 있기에
난 당신을 꼭 만나야겠소
나 또한 당신을 다시 만나서
그 사랑 다 받고 싶소
당신 하나만을 섬기라 하시는 하늘의 뜻 따르겠소
-중략-
나만의 사랑인 당신을 만난 건 하늘의 축복이었소

이들에게는 아들이 둘 있었는데, 둘째 아들이 어렸을 때 눈 치료를 잘못 받아 뇌신경을 건드려서 1급 지체부자유자가 되었다고 한다. 그 아들을 껴안고 눈물 흘리던 수많은 세월이 지난 뒤, 이것이 분명 의료 사고인 줄 알았지만 의사를 원망하기보다 자신들이 감당할 만

하기에 하나님께서 그 아들을 보내신 것이라고 믿었다고 한다.

그 이후로 거리 공연을 시작하고 거기서 얻어지는 작은 수입을 지체부자유자 아이들을 돕는 사업에 기부하고 있다. 큰아들도 가수의 길을 걷고 있는데, 그 아들을 도와주느라고 늦어진 4집이 다음 달에 나온다고 한다.

남이섬에서 세 사람을 만났다. 이제는 작고했지만 모인 돈을 귀하게 쓸 줄 아는 민병도 선생님, 하나님이 주신 재능으로 남이섬을 문화와 예술이 살아 있는 청정공원으로 바꾸어 놓은 강우현 사장, 그리고 자신의 처지에 매이지 않고 카페 같은 작은 공간에서 자신의 노래로 찾아오는 나그네들을 축복하는 '해와 달님'이다. 달님은 거리 공연을 하면서 남모르게 어려운 사람들을 돕는 좋은 사람들을 많이 만났다고 한다. 한국 사회가 잘살게 되면서 일부 사람들이 물질적이고 각박해진 것이 사실이지만, 그래도 은밀히 돕고 사는 사람들이 많은 것을 보고 세상은 여전히 살맛 나는 세상이라는 말에 공감하게 된다.

브아 비아 눔바

　　세상을 살면서 자기의 마음을 다 털어놓고 기쁨과 슬픔을 같이 나눌 수 있는 진실한 친구가 있다면 그 사람은 행복한 사람이다. 삶의 어려움을 만나 모진 고통과 위험이 닥쳤을 때, 그 아픔을 대신해 주고 싶어 하는 진실한 친구가 한 사람이라도 있다면, 그 사람은 외롭지 않고 인생의 무게를 견뎌 낼 힘을 얻을 것이다.

　미국에서 짐 엘리엇을 비롯한 30대 초반의 다섯 젊은이들이 남아메리카 에콰도르의 와오라니족(Waorani)을 선교하기 위해 아마존이 인접한 밀림 지역으로 들어갔다. 차로 갈 수가 없으니 경비행기로 갔다. 나흘째 되던 날 그 부족을 만났다. 그런데 선교사들을 침략자라고 생각한 부족들은 그들을 무참히 창으로 찔러 죽이고 말았다. 그들은 권총이 있었지만 쏘지 않았다.

　그들이 선교지에 도착한 지 며칠이 지나도 아무 소식이 없자 선교본부에서 사람을 보냈는데 강가에서 처참하게 죽은 시체를 발견했다.

　이 사건을 두고 미국 신문에는 "값진 젊은이들이 미개한 부족을 선교하기 위해 목숨을 버린 것은 너무 큰 낭비"라는 기사가 실렸다.

그런데 자신을 인터뷰하기 위해 찾아온 신문기자에게 짐 엘리엇의 아내는 "낭비라니요? 내 남편은 30년 동안 선교를 위해 준비해 왔고, 그의 소망대로 죽은 것입니다"라고 말했다.

이야기는 여기서 끝나지 않는다. 그로부터 5년 후 선교사 부인들은 어린아이들까지 데리고 그곳으로 들어갔다. 그 부족을 위해 학교를 짓고, 아픈 아이들을 치료하고, 예수님의 사랑으로 그들을 섬겼다. 어느 날 선교사를 죽이는 데 앞장섰던 추장이 물었다. "당신들은 누구이며 이렇게까지 우리에게 하는 이유가 무엇이냐?" 그러자 그녀는 "우리는 당신들이 5년 전에 죽인 선교사들의 부인이며, 하나님의 사랑 때문에 당신들을 섬기는 것"이라고 대답했다.

짐 엘리엇 선교사가 죽어 가면서 자기를 죽이는 부족에게 있는 힘을 다해 던진 한마디가 있었다. '브아 비아 눔바.' 선교를 떠나기 며칠 전 다섯 살 난 아들이 그에게 해준 말이다. 아빠가 선교를 가서 위험한 상황에 처하면 그들에게 이 말을 해주라고 부탁했다고 한다. '브아 비아 눔바'는 와오라니족 언어로 '나는 당신의 진정한 친구입니다'라는 뜻이다.

그는 창에 찔려 죽어 가면서도 그들에게 진정한 친구라고 말했다. 그 후 추장은 그 부족의 목사가 되었고, 부족들은 모두 예수님을 영접하고 새 생명을 얻었다. "사람이 친구를 위하여 자기 목숨을 버리면 이보다 더 큰 사랑이 없나니"(요 15:13)라고 했다. 예수님은 우리의 진정한 친구가 되신다. 그분은 하나님의 원수 된 우리에게 자신의 생명을 주셨다.

세상은 내 형편이 좋을 때는 친구가 많지만 막상 어려움에 닥치고 도움이 필요할 때는 떠나간다. 기독교의 위대한 힘은 병자를 고치는 능력에만 있는 것이 아니라 원수까지 사랑하는 진정한 사랑에 있다. 여러분 모두가 예수님을 진정한 친구로 만나기 바란다.

낭만에 대하여

나이가 들어 가면 남에게 싫은 소리는 듣기 싫어하고 자기는 잔소리하기를 좋아한다는 얘기를 오래전에 들었다. 나는 나이가 들어도 절대로 그러지 말아야지 생각했는데, 내게도 슬슬 그런 증상이 나타나는 것을 보니 나도 나이가 들어 간다는 것을 부인할 수 없다.

몇 주 전 1970년대를 풍미하던 통기타 가수 몇 사람이 둘러앉아 대담하는 프로그램을 본 적이 있다. 조영남, 송창식, 윤형주, 김세환 이렇게 네 사람이 나왔던 것으로 기억하는데, 그들은 이제 60대 초반의 나이에 들었음에도 아직 낭만을 잃지 않은 모습들이었다.

조영남은 알려진 대로 자유롭게 사는 사람이고, 윤형주는 온누리교회 장로님이면서 아직도 열심히 음악 활동을 하는 멋있는 사람이다. 김세환은 아직도 풋풋한 총각 같은 순수함이 있었고, 송창식은 살이 좀 쪘지만 시골 아저씨 같은 따뜻한 미소와 가창력은 여전했다.

송창식이 부른 '담배 가게 아가씨' 첫 소절이다.

우리 동네 담배 가게에는 아가씨가 예쁘다네
짧은 머리 곱게 빗은 것이 정말로 예쁘다네

> 온 동네 청년들이 너도 나도 기웃기웃기웃
> 그러나 그 아가씨는 새침떼기
> 앞집의 꼴뚜기 녀석은 딱지를 맞았다네
> 만화가게 용팔이 녀석도 딱지를 맞았다네
> 그렇다면 동네에선 오직 하나 나만 남았는데
> 아 기대하시라 개봉 박두

참 재미있고 낭만적인 가사이다. 서울에 살지 않고 한참 떨어진 어느 시골 시냇가에 집을 짓고 아내와 오손도손 산다는 소식도 참 정겹게 들린다.

그 네 사람 외에 내가 좋아하는 또 다른 가수는 최백호이다. 인터넷에서 그의 라이브 무대를 보면 헝클어진 머리와 가을 낙엽이 우수수 지는 것 같은 목소리가 너무 낭만적으로 들린다. 지금 이 글을 쓰면서 '낭만에 대하여'라는 그의 노래를 듣는다.

> 밤늦은 항구에서 그야말로 연락선 선창가에서
> 돌아올 사람은 없을지라도 슬픈 뱃고동 소릴 들어 보렴
> 첫사랑 그 소녀는 어디에서 나처럼 늙어 갈까
> 가 버린 세월이 서글퍼지는 슬픈 뱃고동 소릴 들어 보렴
> 이제와 새삼 이 나이에 청춘의 미련이야 있겠냐마는
> 왠지 한 곳이 비어 있는 내 가슴에
> 다시 못 올 것에 대하여 낭만에 대하여

그렇다. 나이가 들수록 잔소리만 많아지는 사람이 아니라, 낭만이

낙엽처럼 메마르지 않았으면 좋겠다는 생각이 든다. 우리 모두가 어차피 한 번뿐인 나그네 인생길인데, 화나는 일이 있어도 혈기 부리거나 짜증 내지 말고, 남에게 애매한 소리를 들어도 '그럴 수도 있지' 하고 너그러워지고 초조해하지도 말고, 누군가가 하는 일이 때로 마음에 들지 않아도 그냥 바라보고 기다려 주면서 그렇게 살았으면 좋겠다.

    때로 내 힘으로는 힘들지만, 주님과 동행하면 그 일이 더 쉽다. 주의 성령이 내 안에 계시면 우리의 내면이 더욱 성숙해져서 삶이 여유로우며 낭만적일 수 있다. 그 빛과 낭만이 남도 밝게 하며 아름다운 세상을 만들어 간다.

낭만에서 생명으로

가을에는 기도하게 하소서
낙엽들이 지는 때를 기다려
내게 주신 겸허한 모국어로 나를 채우소서

가을에는 사랑하게 하소서
오직 한 사람을 택하게 하소서
가장 아름다운 열매를 위하여
이 비옥(肥沃)한 시간을 가꾸게 하소서

– 김현승 '가을의 기도' –

　어젯밤 비가 많이 온 뒤 오늘 아침은 차가운 바람이 불고 날씨가 무척 추워졌다. 가을이 잠시 맛만 보이고 앞문으로 왔다가 옆문으로 슬며시 빠져나간 느낌이다. 김현승 시인의 '가을의 기도'처럼 가을의 정취와 낭만을 느껴 볼 여유도 없이 겨울이 성큼 다가섰다.
　나의 목회가 성장하지 않는 것이 나의 낭만적인 성격 때문인가 자책하는 마음이 있었다. 목회와 또 다른 한 가지 일을 하면서 빠듯한 시간을 내서 여행을 가고, 글을 쓰고, 테니스도 치는 일들이 목회에 방해가 된다고 생각했다. 몇 주 전 다문화 목회 세미나 자리에서 이제는 낭만목회에서 생명목회로 나의 목회를 바꾸겠노라고 했더니 장로교 총회에 계신 김선배 목사님이 그래도 낭만을 잃지 말라고 격려해 주셨다.

그분은 위에 소개한 김현승 시인의 아들이 되시는 분이다. 나는 평신도 같은 목사, 성도들과 격의 없이 어울리고 친구처럼 고민을 나누며, 그들의 어려움과 기쁨을 같이 나누는 그런 목회를 추구했다. 만날 때마다 설교를 한다면 부담스러워할까 봐 지레 조심했다.

그런데 이번 가을에 사도행전을 몇 달째 설교하면서, 또 바울의 서신들을 보면서 바울은 1, 2, 3차 전도 여행에서 오직 복음만을 전하는 데 그의 온 생애를 집중하는 것을 보았다. 여행을 해도 그 지방의 자연이나 문화에 관심을 갖기보다 오직 주의 복음을 전하는 데 초점을 맞추었다.

그렇다. 문화는 소통의 도구이지만 전해져야 하는 것은 오직 복음이다. 사람을 살리는 것은 오직 그리스도의 복음이고 모든 것의 결론은 복음으로 맺어져야 한다. 나를 위해 십자가를 지시고 부활하신 예수님 없이는 우리는 모두 영원히 멸망할 존재이기 때문이다. 죄를 용서받고 새 생명을 얻게 하는 것은 복음밖에 없다. 그래서 우리는 어디에 가든지 누구를 만나든지 복음을 말하고 전해야 한다.

박두진 시인은 꽃 한 송이를 보고도 그리스도의 십자가를 노래했다.

　이는 먼 해와 달의 속삭임
　비밀한 울음
　한 번만의 어느 날의 아픈 피 흘림

> 먼 별에서 별에로의 길섶 위에 떨궈진
> 다시는 못 돌이킬 엇갈림의 핏방울
> 꺼질 듯 보드라운 황홀한 한 떨기의 아름다운 정적(靜寂)
> 펼치면 일렁이는 사랑의 호심(湖心)아
>
> — 박두진 '꽃' —

한 송이 꽃이 피는 것에서 생명의 신비함을 보는 박두진 님의 시에서, 나는 한 생명을 구원하기 위해 십자가에서 피 흘리신 예수님을 만난다.

이제 겨울이 지나면 곧 생명의 봄이 오리라. 낭만보다 생명을 사랑하는 나의 목회도 복음만을 전함으로 생명이 꽃피는 봄을 맞이하리라. 그래서 하나님께서 내게 맡기신 소중한 교회와 함께 어우러져 사는 지역 사회 안에 살맛 나는 세상을 만들어 가리라 다짐한다.

듣는 귀

이른 아침 잠 깨어 침상에서 듣는 새소리는 영혼을 맑게 하는 음악이다. 미국 오기 전 잠시 홍콩 중문대학 근처에 머문 적이 있는데, 아침 일찍 침상에서 들었던 대학 옆 숲속에서 들려오는 새소리가 내 영혼을 깨우고 새 희망을 준 적이 있다.

휴스턴 북쪽 우드랜드 우리 집 담장 너머 숲에서도 아침이면 어김없이 새소리가 들려오곤 했다. 그 후 개발이 되면서 너무 많이 나무를 베어 이제는 새소리가 간간히 들릴 뿐이어서 아쉽다.

사랑스런 아기가 아장아장 걸어오며 "엄마 아빠"를 부를 때 그 행복감을 생각해 본다. 사랑하는 이로부터 "나는 그대를 사랑해"라는 첫 번째 고백을 들었을 때 당신의 가슴은 기쁨으로 뛰놀지 않았는가!

우리는 귀가 있음으로 그 아름다운 소리를 들을 수 있다. 우리 조상들은 귀가 두툼하고 잘생긴 사람이 복이 있고 큰 인물이 될 것이라 하였다. 귀가 얇아 진실이 없는 달콤한 남의 말을 듣기 좋아하는 사람은 큰 낭패를 볼 수도 있다.

귀는 외이, 중이, 내이의 세 부분으로 구분되어 있다. 외이란 연골로 형성된 귓바퀴와 귀지가 생기는 외이도로 이루어져 있다. 외이와 중이의 경계 부위에 고막이 있으며 고막의 안쪽을 중이라고 하는데, 중이 안에는 아주 조그마한 뼈 세 개가 있어 외이를 통해 들어온 소리가 고막을 진동시키면 소리를 내이로 전달하는 역할을 한다. 마지막으로 내이는 소리를 감지하는 달팽이관과 몸의 균형을 담당하는 세반고리관이 있으며, 세반고리관은 소뇌와 같이 작용하여 몸의 평형을 유지하게 된다. 이 세반고리관에 이상이 있을 경우 현기증이 오며 몸의 균형에 이상이 나타난다.

이처럼 귀는 소리를 듣는 기능과 몸의 평형을 유지하는 기능이 있다.

인간이 들을 수 있는 가장 낮은 진동수는 16Hz이며, 가장 높은 진동수는 20,000Hz이다. 대부분의 음악은 5,000Hz 이하의 진동수를 가진 악기들로 연주되므로, 록음악에서 베토벤의 교향악에 이르기까지 음악을 감상하는 데는 어린이나 노인이라도 어려움이 없다.

귀의 역할에서 음악을 듣는 즐거움은 현대인들에게는 특별한 의미를 갖는다. 차를 운전할 때나 다른 일을 할 때나 심지어는 공부를 할 때도 음악을 틀어 놓아야 집중이 되는 사람이 있다.

몸의 귀뿐만 아니라 마음의 귀도 중요하다. 다른 사람의 말을 들을 수 있는 열린 마음의 귀를 가져야 한다. 하나님은 말씀하신다.

"그들은 등을 돌리고 귀를 막았다. 그들은 마음을 돌처럼 굳게 하고 나 만군의 여호와의 가르침을 들으려 하지 않았다. 내가 옛적 예언자들을 시켜서 한 말을 들으려 하지 않았다. 그래서 나 만군의 여호와가 크게 노하였다"(슥 7:9-12).

하나님의 진노는 거기서 시작되었다. 이스라엘이 하나님의 말씀을 듣지 않았기 때문이다. "너희 귀는 들음으로 복이 있도다"(마 13:16)라고 했다. 하나님뿐만 아니라 사람과의 대화에서도 귀 기울여 듣는 자세가 필요하다.

누군가 내 말을 진정으로 들어주는 사람이 있다면 거기서 자신의 존재감을 느끼고 행복해진다. 야고보서 1장 19절에 보면 "듣기는 속히 하고 말하기는 더디 하며"라고 했다. 말을 하고 싶은 것은 들어주는 사람이 있기 때문이다. 말할 수 있는 입을 주심에 감사할 뿐만 아니라 들을 수 있는 귀를 주심에 감사한다.

사랑하는 이의 격려와 칭찬의 말을 들을 수 있음에 감사하고, 자연이 들려주는 웅장한 교향악을 들을 수 있음이 얼마나 감사한지 모른다. 내 영혼의 귀를 열어 하나님의 진리의 말씀을 들음으로 내 생명이 한결 풍요로워짐을 느낀다.

믿음은 들음에서 난다. 영혼의 귀를 열고 생명의 말씀을 자주 들으면 견고한 믿음 위에 세워질 것이다. 자녀로부터 듣고 종업원에게도 들으면 서로 신뢰가 쌓일 것이다. 인생을 많이 경험한 선배들의 말에 귀 기울이면 똑같은 실수를 반복하지 않을 것이다.

이 시간에도 깨어 있는 사람은 우주 가운데 생명체가 활동하는 소리를 듣는다. 그것은 살아 있는 자의 즐거움이요 감사함이다.

그대를 생각만 해도

우리가 잘 아는 '님의 침묵' 일부를 옮겨 본다.

님은 갔습니다 아아 사랑하는 나의 님은 갔습니다
푸른 산빛을 깨치고 단풍나무 숲을 향하여 난
작은 길을 걸어서 차마 떨치고 갔습니다
– 중략 –
나는 향기로운 님의 말소리에 귀먹고
꽃다운 님의 얼굴에 눈멀었습니다
사랑도 사람의 일이라 만날 때에 미리 떠날 것을 염려하고
경계하지 아니한 것은 아니지만 이별은 뜻밖의 일이 되고
놀란 가슴은 새로운 슬픔에 터집니다
우리는 만날 때에 떠날 것을 염려하는 것과 같이
떠날 때에 다시 만날 것을 믿습니다
아아 님은 갔지마는 나는 님을 보내지 아니하였습니다
제 곡조를 못 이기는 사랑의 노래는 님의 沈默을 휩싸고 돕니다

– 한용운 '님의 침묵' –

한용운 님의 '님의 침묵'에서 그 님이 누구냐고 구태여 물을 필요는 없다. 그가 노래하는 님은 조국일 수도 있고 부처일 수도 있고 연인일 수도 있기 때문이다.

구주를 생각만 해도 이렇게 좋거든
주 얼굴 뵈올 때에야 얼마나 좋으랴
예수의 넓은 사랑을 어찌 다 말하랴
주 사랑 받은 사람만 그 사랑 알도다

— 찬송가 85장 —

이 시는 11세기에 라틴어로 쓴, 192행으로도 된 장시 '예수의 이름에 부치는 노래'에서 일부만 따서 곡으로 옮긴 청초한 찬미시이다. 빛이요 사랑이요 생명이신 예수를 생각만 해도 샘줄기같이 끓어오르는 감사와 사랑과 기쁨이 넘치는 고백의 노래이다.

새해인데도 희망의 노래보다는 어두운 소식들이 들려온다. 사흘 전 동아일보 인터넷 신문을 보았는데, 기사 중에 세 사람이 죽은 내용이 실려 있었다. 25년 동안 고시를 준비하던 고시생이 두 평도 안 되는 고시원방에서 죽었는데 일주일이 지나서야 발견되었다는 기사, 은행 지점장이 고객의 돈을 빼돌려 주식과 펀드에 투자하다가 50억이 넘는 돈을 날리고 자살한 이야기, 경제난 때문에 사업에 실패하여 스스로 목숨을 끊은 한 중소기업 사장의 이야기였다.

사회가 너무 메말라 간다. 사람들이 점점 마음의 여유를 잃어 간다. 믿는 이들조차 조그만 일에도 쉽게 화를 낸다. 이틀 전 가까운 곳에 이사 온 분에게 심방을 갔는데, 온 식구가 하루도 쉬는 날이 없이 일하는 모습을 보았다. 왜 이렇게 사람들이 여유를 잃어 갈까? 꼭 어려운 경제 문제 때문일까? 우리 속에 있는 지나친 욕심 때문은 아닐까?

열심히 일하는 사람들을 보면 아름답다. 그러나 생의 여유를 갖고 사는 사람, 주일 하루쯤은 교회에 나와 창조주 하나님을 예배하고 영혼이 맑아지는 사람은 더 아름답다.

내가 교회의 목사라고 별로 다를 것이 있겠는가마는, 화를 낼 자리에서 그냥 참고 남에게 도움을 받으려는 기대보다, 조그만 것이라도 어찌하든 남을 돕고 내가 가진 조그만 기쁨과 평안을 나누어 줄 수 있다는 것, 그것만으로 감사하다.

내가 예수 믿기 전에는 위에 적은 한용운 선생님의 '님의 침묵'이나 조지훈의 '승무' 그리고 서정주의 '국화 옆에서' 등을 좋아했다. 뭔가 애절한 것에 가슴이 서늘했다. 그런데 예수를 믿고 나서는 그런 애절함과 한을 벗어 버리고 부르는 감사와 기쁨과 찬양의 시들이 좋다.

소유의 많고 적음에 상관없이 여유를 가지고 살 수 있는 마음, 미움보다는 사랑하고 밝음을 향해 나아가는 삶, 새해에는 모든 사람들이 그런 삶을 살았으면 좋겠다.

누군가가 나를 떠올릴 때 생각만 해도 살며시 미소가 번지는 사람, 커피 한 잔을 놓고 그리워 마주 앉고 싶은 사람, 그런 사람이었으면 좋겠다. 이번 새해엔 꼭 거창한 계획이 아니더라도 우리가 조금 더 여유가 있는 사람으로 살아갔으면 좋겠다.

Pick Own

어렸을 적 우리 집에는 복숭아 밭이 있었다. 뒷산 자락에서 땅이 평평한 곳에 밭을 개간하여 복숭아 밭을 일구었는데, 해마다 복숭아가 많이 열려 그것을 수확하기 위해 힘을 쏟아야 했다. 무더운 여름날, 복숭아를 따서 저녁 무렵 지게에 지고 산비탈을 내려올 때는 뒤뚱거리며 넘어질 뻔하기도 하였다. 어머니와 누나들은 '다라이'라고 하는 함석으로 만든 바구니에 복숭아를 가득 담아 머리에 이고 운반하였다. 그런 뒤, 집에서 밤늦게까지 가스등을 켜놓고 신문지에 쌌던 복숭아를 벗기고, 등급별로 골라 대나무 상자에 담아 다음날 시장에 가져갈 준비를 하였다.

복숭아를 딸 때나 고를 때 아주 농익은 복숭아를 보면 너무 먹고 싶어 살살 껍질을 벗겨 입으로 가져가는데, 입에 녹는 달고 부드러운 그 맛이 일품이다. 미국에 온 뒤 그런 맛있는 복숭아를 만나기가 힘들었다. 종류도 다르지만 아직 덜 익은 복숭아를 따서 시장에 내놓기 때문일 것이다.

휴스턴에 살면서 몇 군데 농장을 가 보았는데, 이곳에서는 pick own 하는 농장이 많았다. 아마 비싼 인건비를 줄이는 효과 때문일 것이다. 매년 르네상스 페스티벌이 열리는 휴스턴 외곽 Planterville 바로 옆에 딸기와 블루베리 농장이 있고, 45번에서 242번을 타고 킹우드 쪽으로 가다 보면, 무어헤드(Moore head) 블루베리 농장이 있다. 딸기와 블루베리를 따면서 잘 익은 놈을 골라 살짝 입으로 가져가는 맛이 그만이다.

매년 10월이 되면 톰볼(Tomball)에 있는 Matt Family farm에 가는데, 그곳은 대추도 있고 특히 감이 많다. 넓은 들판 약 500여 그루의 감나무에 주황색으로 주렁주렁 열린 감을 보면 장관이다. 이 농장은 먼저 돈을 내기 전에 먹지 말라는 주의를 주지만, 감을 따다 잘 익은 홍시를 보면 주인이 안 보게 살짝 돌아서서 나도 모르게 입으로 가져가게 된다.

과일을 좋아하는 나는 창조주이신 하나님께서 사계절마다 이렇게 즐길 수 있는 과일을 주신 것만으로 참 살맛 나는 세상이라는 생각을 한다. 특히 농장에 가서 직접 내 손으로 싱싱한 과일들을 따 먹을 때 더한 감사와 기쁨을 누린다.

10월 중순쯤 한글학교 학생들과 교회 식구들과 함께 감나무 농장에 가서 감을 딸 생각을 하니 벌써 입에 군침이 돈다. 주신 분은 하나님이시지만 그것을 받아들이고 내 것으로 하는 것은 내 의지이다. 믿음도 그렇다. 우리를 구원하기 위해 이 땅에 오신 예수님을 영접하고 그의 자녀가 되는 것은, 우리의 결단과 의지가 있어야 한다(요 1:12).

가을을 노래함

아침 산책을 나갔다가 옆집의 이름 모를 나무에서 자주빛깔로 물들어 가는 나뭇잎을 따서 향기를 맡아 보는데, 아직 여름이 묻어 있다. 하늘은 푸르고 거침이 없는데 나뭇잎들은 아직 가을을 맞을 준비가 되지 않았나 보다. 여름을 보내기가 아쉽기 때문인가?

설악의 휘황한 단풍이나 내장산의 병풍 같은 가을색, 그리고 스모키 마운틴의 긴 단풍의 행렬을 생각하면 텍사스에는 단풍이 없다고 말하는 것이 옳다.

한국의 가을 단풍을 그리워하는 아내의 바람을 따라 몇 년 전 아는 이가 사는 위스콘신의 메디슨에 갔을 때, 미시간주립대학 주변 마을을 온통 노란색으로 물들인 단풍을 보고 탄성을 지른 적이 있다.

스모키 마운틴이 시작되는 노스캐롤라이나 분(Boone)에서도 긴 산맥을 빨갛고 노란색으로 물들인 산의 꼭대기에 난 길을 달리면서, '미국에도 이런 단풍이 있구나' 하면서 감탄했다. 가을이면 단풍을 보고 싶은 사람들에게 텍사스는 너무 밋밋한 곳이지만, 가을은 단풍만이 전부는 아니다.

이제 한적한 거리 곳곳에는 텍사스의 넓은 농장에서 재배된 호박들이 주인을 찾아가기 위해 전시될 것이다. 크고 작은 주황색 호박들이 평온한 모습으로 대화하듯 자리한 것을 보면 마음이 포근해진다. 할로윈을 앞두고 많은 집에서는 귀여운 호박을 서너 덩이 사서 현관문 앞에 놓는다. 때로는 나름대로 조각을 해서 그 속에 전등이나 촛불을 켜서 환하게 밝히기도 한다.

휴스턴에서 멀지 않은 톰볼(Tomball)에 가면 감나무 수백 그루가 줄지어 선 농장이 있다. 아직은 푸른 빛이 있지만 가을이 좀 더 깊어지면 주황색으로 익은 감들이 수줍은 표정으로 햇살을 즐기고 있다. 올해는 너무 가물어서 감이 굵지 않다고 농장 주인 메튜가 이메일을 보내왔는데, 그래도 더 익기를 기다려 한 번쯤은 감을 따러 갈 생각이다.

가을을 눈도장 찍기 위해 아내가 사다 놓은 자줏빛 소국이, 우리집 아침 식사 테이블 창밖에서 가을을 노래하고 있다. 아내가 주로 저녁 늦은 시간 물을 주며 가꾸는 우리 집 소박한 정원에 핀 몇 송이의 장미가 가을의 한낮을 즐긴다.

가을의 열매는 마음속에 있다. 높아진 푸른 하늘에 마음을 띄우면 희망이 솟아나고, 아침 저녁 기분 좋게 시원한 가을 바람에 피부를 적시면 하루가 상쾌하다. 돌아오는 추수감사절에 나보다 조금 더 필요한 이들과 작은 것을 나눌 생각을 하면 가슴이 설레고 추워질 겨울을 크게 걱정하지 않아도 되니 감사하다.

텍사스에서도 먼 길을 달려 힐 컨트리(Hill Country) 쪽으로 가면 단풍을 볼 수 있다는 소식을 들었지만, 바쁜 일상에 그렇게는 못하고 있다. 그러다가 내가 사는 동네에서도 길을 걷다 한두 잎 빨갛게 물든 단풍잎을 보면 그것이 보석인 양 귀하게 여겨진다.

이 땅에 나무를 만드시고 계절을 바꾸시는 창조주를 인정하는 믿음과 사람을 그리워하며 사랑하는 따뜻한 마음으로 나를 아름답게 물들이면, 그것이 진짜 단풍처럼 고운 빛이다. 이 가을에 텍사스에서는 설악이나 스모키 마운틴 같은 아름다운 단풍을 볼 수 없지만, 내 마음을 아름다운 사랑으로 색칠하여 가을의 기쁨을 노래한다.

내 마음에 비추는 별 하나

문 밖에서 불꽃놀이 하는 소리가 요란하여 뒤뜰에 나서니 우리 집 뒤에 있는 미국 교회 마당에서 청년과 아이들이 불꽃놀이를 하고 있다. 그래, 이네들도 날려 보내고 싶은 묵은 해와 다가오는 새해를 축하하고픈 열망이 있겠지….

하늘은 잔뜩 흐려서 별이 보이지 않는다. 그러나 내 마음에는 새해를 맞는 내 삶에서 소망으로 켜 두고 싶은 반짝이는 별들이 있다. 지금은 밤 10시 30분, 공기가 아주 찬데 얼굴에 부딪치는 찬바람이 내게 새로운 각오를 다져 주는 것 같아 그리 싫지가 않다.

"나는 내 예술로 사람들을 어루만지고 싶다. 그들이 이렇게 말하길 바란다. '마음이 깊은 사람이구나. 마음이 따뜻한 사람이구나.'"

고흐는 현실의 장벽 앞에서도 예술에 대한 사랑을 포기하지 않았고, 생을 남김없이 태워 많은 위대한 작품을 남기고 떠났다.

잘 알려진 〈자화상〉은 그 작품 가운데 하나이다. 화가 빈센트 반 고흐는 부모와 연인과 관람객의 사랑조차 받지 못했지만, 자신의 삶을 긍정하고 세계와 타인을 사랑하기를 멈추지 않았다. 어쩌면 그렇게 지치지 않고 '내가 아닌 것들'을 사랑할 수 있었을까? 그의 작품은 그가 견뎌 낸 고통의 그림자가 아프지만, 역설적으로 그가 피워 낸 희망의 불씨를 환하게 드러낸다.

스위스 출신 조각가 알베르토 자코메티(Alberto Giacometti)의 〈걸어가는 사람〉이란 조각 작품을 보았다. 너무 마른, 그래서 존재감이 없어야 할 사람이 자세히 보고 있으면 존재감이 드러난다. 어느 평론가는 "'걸어가는 사람'을 마주했을 때 가슴이 턱 막혔다. 상상을 뛰어넘는 장엄함이었다. 우리는 '걸어가는 사람'이다. 우리는 실패했는가? 그렇다면 더욱 걸어가야 한다"라고 평했다. 그는 가식을 싫어하는 실존주의 화가요 조각가였다.

> "나는 내 조각을 한 손으로 들어 전시장으로 가는 택시 안에 넣었다. 나는 장정 다섯이서도 제대로 못 드는 커다란 조각들을 보면 짜증이 난다. 거리의 사람들을 보라. 그들은 무게가 없다. 어떤 경우든 그들은 죽은 사람보다, 의식이 없는 사람보다 가볍다. 내가 부지불식 간에 가는 실루엣처럼 다듬어 보여주려는 것이 그것이다. 그 가벼움 말이다."
>
> — 알베르토 자코메티 —

그래, 새해에는 가식과 부담을 버리고 가벼운 발걸음으로 시작하자. 때로 세상이 나를 이해하지 못하고 사랑하지 않을지라도 나는 세상에 생명 있는 것들을 사랑하고, 내 삶의 작은 부분을 통하여 상처받은 이들, 외로운 사람들을 어루만지고 싶다. 2018년 중반쯤에는 큰일을 성취하지 않았을지라도, 그는 마음이 깊고 따뜻한 사람이라고 누군가의 대화에서 기억되면 좋겠다.

그리고 나의 아버지 하나님을 믿는 사람으로서 그분의 말씀을 더욱 가까이하고 묵상하는 시간을 더 많이 갖고자 한다. 말씀이 내 발의 등이 되고 가는 길을 비추는 빛이 됨을 믿는다.

내게 주신 것이 작은 것일지라도 나누는 일을 실제로 시작한 후 마음에 잔잔한 기쁨이 있다. 어떤 분은 작은 교회에 사람을 초청하기 위한 나눔이라고 생각할지 모르지만 그렇지 않다. 그것은 어디까지나 그들의 선택이고, 나누어 본 이는 주는 것만으로도 기쁘다는 것을 안다.

나는 고흐나 자코메티의 신앙에 대해 알지 못한다. 고흐는 직장을 잃은 후 잠시 신학을 공부하고 광산에서 설교도 했지만, 30대 후반에 정신병을 앓고(그런데 그 정신병원에서 유명한 그림 〈별이 빛나는 밤에〉를 그렸으니 놀랍다) 37세에 빨리 생을 마감한 것을 보면, 그의 신앙을 알 수 없다. 그들은 현존할 때보다 사후에 더 평가받는 예술가들이지만, 실존주의 너머에 있는 영혼과 영원의 세계를 좀 더 알았더라면 하는 아쉬움이 있다. 그들은 위대한 예술가였지만 고독하게 죽었다.

새해의 다짐은 너무 크지 않아도 된다. 내가 실천할 수 있는 작은 변화를 설계하고, 내 발에 비추는 등을 따라 한 걸음 한 걸음 묵묵히 나아가면, 거기서 사랑하는 일들과 사람들을 만나고 작은 성취를 이루리라 기대한다.

이제 밤 12시, 하늘의 별은 보이지 않지만 새해를 향한 내 마음의 별이 초롱초롱 반짝인다. 이 글을 읽는 글친구들의 마음에도 새해 소망의 별이 반짝이기를 기원한다.

5장
살맛 나는 세상입니다

> 조용히 자기 할 일에
> 최선을 다함으로
> 자기가 아니라
> 그 일을 성공시키는 사람,
> 이런 분들이 우리 사회에 많이 있으니
> 살맛 나는 세상이 아닐 수 없다.
> 숨은 별들이 모여서
> 아름다운 은하계를 이루듯이,
> 조용히 자기 자리에서
> 최선을 다하는 사람들이
> 밝고 살맛 나는 세상을 만들어 간다.

레나테 홍의 사랑 이야기

　　　　　사랑하면서도 기다림이 없는 인스턴트 사랑이 판치는 시대이다. 사랑한다고 하면서도 쉽게 마음이 변하는, 신뢰가 없어진 사회이다. 서독과 동독이 대립하던 1955년, 당시 예나 공대 신입생이던 18세 레나테는 21세의 북한 유학생 홍옥근을 만나 사랑에 빠졌다. 첫눈에 반한 두 사람은 5년여의 열애 끝에 1960년 2월 주위의 반대를 무릅쓰고 결혼했고, 첫 아들을 낳았다.

그런데 아름다운 신혼생활 1년 2개월 만에 슬픈 이별이 찾아왔다. 북한에서 독일에 있는 모든 유학생들을 불러들임으로 홍옥근 씨도 돌아가야 했다. 그때 레나테는 두 번째 아이를 임신하고 있었다. 비행기가 아닌 기차를 타고 독일에서 북한까지 시베리아를 관통하는 2주간의 긴 여행을 떠나는 남편을 임신한 몸으로 차마 따라나서지 못하고 다시 만나자는 약속을 남긴 채 둘은 헤어졌다.

2년 정도는 소식이 오갔지만 2년 후에는 연락이 끊겼다. 그렇게 45년, 이처럼 긴 이별이 될지는 몰랐다. 레나테는 두 아들을 키우며 어느새 할머니가 되었다. 2007년 독일 적십자사를 통해 홍옥근 씨가 재혼하여 함흥에 살고 있다는 소식을 들었다. 두 아들을 데리고 평양 공항에 도착했을 때, 홍옥근 씨가 재혼하여 낳은 딸 하나를 데리고 나와 그녀를 따뜻하게 안아 주었다. 45년이 지나서 비록 노인으로 변했지만 그를 알아볼 수 있었다. 오랜 시간의 그리움과 기다림이 한순간에 녹아내리는 순간이었다.

얄팍한 냄비처럼 쉽게 뜨거워졌다가 쉽게 식는 현대인들의 눈으로 보면 이것은 미련하고 우둔한 일인지 모른다. 그러나 진실한 사랑은 변함이 없다. 기다릴 수 있어야 한다. 멀리 떨어져 있어도, 부족해도 기다려 주는 것이 사랑이다. 이들의 아름다운 사랑 이야기가 허진호 감독에 의해 영화로 만들어진다. 〈봄날은 간다〉라는 사랑 이야기를 만들었던 감독이다.

다른 어떤 것보다 사랑 이야기가 우리를 살맛 나게 하고 가슴을 따뜻하게 한다. 남편은 재혼하여 자식을 두었으나 레나테가 첫사랑이었고 아직도 잊지 못했다고 말했다. 이제는 두 사람 다 늙어서 봄바람에 휘날리는 연분홍 치마를 입지 않았어도, 레나테의 사랑 이야기는 가슴을 뭉클하게 한다. 알뜰한 맹세를 지킨 레나테의 사랑은 시처럼 아름답다.

예수님께 대한 성도들의 사랑도 그랬으면 좋겠다. 첫사랑을 그대로 간직하고 변함이 없었으면 좋겠다. 하나님이 우리를 사랑하여 자신의 아들을 보내어 대신 죽게 하신 사랑만큼 아름다운 사랑 이야기는 없다.

"하나님이 세상을 이처럼 사랑하사 독생자를 주셨으니"(요 3:16).

"사랑은 오래 참고 사랑은 온유하며"(고전 13:4).

이처럼 우리도 변함없는 사랑을 나누며 살맛 나는 세상을 만들어 갔으면 하는 바람이다.

눈(Eye)

사흘만 볼 수 있다면 석양에 지는 찬란한 금빛 노을과 자기를 가르쳐 준 선생님, 그리고 사람들이 북적거리는 거리에 나가 쇼윈도우에 진열된 물건들을 보고 싶다던 헬렌 켈러의 그 바람이 우리에게는 매일의 삶 가운데 주어졌다. 우리는 항상 볼 수 있는데 얼마나 감사하며 행복을 느끼며 사는가?

창조주는 우리에게 아름다운 자연을 볼 수 있는 눈을 주셨다. 거대한 폭포 나이아가라와 로키 산맥의 장대함, 그리고 겨울에 하얀 함박눈을 볼 수 있는 눈을 주셨다. 루브르 박물관에서 르누아르의 정겨운 미술품을 감상하고, 칸쿤이나 마이애미의 쪽빛 바다 색깔을 머리에 남게 하는 것도 눈의 영상이다. 이른 봄날, 아기의 손처럼 작은 잎으로 돋아났던 잎새들이 여름날 뜨거운 햇빛을 가려 주는 양산이 되고, 가을이면 노랗고 빨간 단풍이 되었다가 서리가 오면 낙엽으로 지는 것을 보면서, 우리의 인생도 언젠가는 끝이 있음을 알게 된다.

우리의 시선이 어디에 머무는가? 잠깐 있다가 사라지는 안개 같은 쾌락을 보는가? 내 눈이 좋은 책들을 많이 읽는 눈이 되고, 인생을 값지게 살다 간 사람들을 바라보는 눈이 되고, 마음의 아름다움까지 바라볼 수 있는 심미안을 가진다면, 무엇보다 영적인 것을 볼 수 있는 영안이 열린다면 그 눈은 보배로운 눈이다.

죄악 된 것을 보고 탐욕을 가진 사람은 그 눈이 맑지 못하다. 그러나 순수하고 진실을 추구하는 사람의 눈은 맑다. 그래서 눈을 마음의 창이라고 했다. 마음이 가는 곳에 눈이 가고, 마음이 머무는 곳에 시선이 머물기 때문이다.

눈은 마음뿐만 아니라 우리 몸의 상태를 나타내는 창이기도 하다. 피로가 쌓이면 눈이 충혈되고, 간이 나쁘면 눈의 색깔이 노랗게 변한다. 비타민을 연구하는 어느 의사는 눈이 나빠지고 난 뒤 안경을 쓸 생각을 하기보다 눈에 영양분을 공급하라고 권한다.

일반적인 눈의 건강에는 비타민 A, C, E, B군과 셀레늄, 아연이 필요한데, 이 영양소들은 신선한 과일과 채소 특히 당근, 고구마, 켄탈로프 멜론 같은 황색 계열의 과일에 풍부하게 있다고 한다. 이 성분들은 종합비타민에 기본적으로 함유되어 있고, 또 눈을 위한 종합영양제에도 함께 들어 있다. 이외에 눈을 위해 특별히 보충해야 될 성분은 루테인(Lutein)인데 루테인은 케일, 시금치 등 진녹색 식물에 함유되어 있고, 망막의 세포와 혈관을 건강하게 하고 각종 산화 물질이나 자외선으로부터 망막을 보호하는 것으로 알려져 있다.

요즘 아이들 가운데 안경을 쓰는 아이들이 더욱 늘어나고 있다. 컴퓨터 게임을 너무 많이 하는 등 눈을 보호하지 않기 때문이다. 눈은 창조주 하나님이 우리에게 주신 값진 선물이다. 이 눈으로 사랑하는 이의 얼굴을 보고 하루가 다르게 커 나가는 아이들의 모습을 보고 철따라 꽃이 피고 지는 것을 보는 것은 생의 즐거움이다. 당신은 눈을 어떻게 사용하는가? 남을 흘겨보거나 무시하는 눈으로 바라본 적은 없는가? 따뜻한 마음을 담아 다른 이를 바라보는가?

마음의 아름다움이 담긴 따뜻한 시선으로 마주 보는 것은 그것만으로도 기쁨과 위안이 된다. 그런 눈을 마주 대하면 말이 없어도 마음이 통한다. 눈이 피곤할 때는 초록빛 나무를 보고, 비껴가는 구름 사이 파아란 하늘을 보면 피곤이 가신다. 녹차를 마신 다음 그 녹색 티백을 피곤해진 눈꺼풀 위에 잠시 놓아두면 피곤이 가시기도 한다.

마태복음 6장 22-23절에 "눈은 몸의 등불이니 그러므로 네 눈이 성하면 온몸이 밝을 것이요 눈이 나쁘면 온몸이 어두울 것이니"라고 했다. 예수님은 눈의 소중함을 아시고 맹인을 세 번이나 고쳐 주셨다. 요한복음 1장 9절은 그 예수님이 참 빛이 되신다고 소개한다. 눈이 있어도 빛이 없으면 보지 못하는데 예수님은 참 빛이 되사 영혼의 눈과 육신의 눈도 밝히시는 분이다.

그러므로 세상의 헛된 것보다 예수님을 바라볼 때(히 12:2) 영안이 열리고 세상의 진정한 아름다움을 보게 될 것이다. 인간은 무엇을 바라보고 추구하는가에 따라 행복과 불행이 결정된다. 썩고 쇠하는 세상을 바라보지 않고 생명의 빛이신 예수님을 바라볼 때, 그의 생명과 빛이 내 속에 역사하여 진정한 아름다움을 보게 될 것이다.

랩 하는 총장

김용 세계은행 총재 지명자는 다섯 살 때 미국에 온 한국계 미국인이다. 아시안계로는 처음으로 아이비리그 가운데 하나인 다트머스(Dartmouth) 대학의 총장을 지내다, 오바마 대통령에 의해 세계은행 총재로 지명을 받았다. 그가 지난해 학생들이 연출하고 출연한 학교 축제에 깜짝 출연하여 부른 랩과 댄스가 화제이다(Dartmouth Idol Finals).

그가 세계은행 총재로 지명 받은 사실이 신문에 알려진 이후, 나는 LA에 사시는 유준 장로님이 페이스 북에 올린 랩 하는 김용 총재의 모습을 보고 실컷 웃었다. 노래 실력도 보통이 아니고, 괴상한 선글라스를 끼고 힙합을 추는 춤 실력도 젊은이들 못지않았다. 이것을 통해 젊은 학생들과 소통하고 총장의 권위를 벗었으리라.

그는 어렸을 때부터 공부를 잘했고, 고등학교를 졸업할 때는 전교회장과 수석을 했다. 브라운 대학교를 졸업하고 하버드에서 MD와 인류학 박사를 받았다. 그런데 그는 편하고 명예로운 교수보다 가난한 나라 사람들의 결핵과 에이즈를 치료하는 데 더 관심이 많았다. 그래서 PIH(Partners In Health)란 후원 단체를 설립하고, 적은 비용으로 환자를 치료할 수 있는 방법을 찾았다. 아이티에서 결핵 환자 10만 명을 치료하고 페루에서 많은 에이즈 환자를 치료하는 등 여러 나라의 빈민층에서 뚜렷한 효과를 거두었다.

그는 '행동하는 학자'로서 세계보건기구(WHO) 에이즈 국장을 맡아 직접 개발도상국을 찾아다니며 가난한 사람들의 질병, 특히 에이즈, 결핵 퇴치를 위한 치료 활동을 벌인 공로로 2005년 US 뉴스 & 월드 리포트가 뽑은 '미국의 주요 지도자 25인', 타임지의 '세계를 변화시킨 100인'에 선정되었다. 그는 2007년까지 약 300만 명에 가까운 사람들이 결핵, 말라리아 등의 질병에서 살아남을 수 있도록 돕는 업적을 이루었다. 그래서 경제 전문가도 아닌 의사가 매년 600억 달러씩 개발도상국에 지원하는 세계은행의 총재 후보가 되었다.

그도 어린 나이에 치과 의사였던 아버지를 따라 미국으로 와서 소수 이민자로 살면서 쉽지만은 않았으리라. 그러나 그는 스스로를 치열하게 갈고 닦아 경쟁력을 키웠다. 의학과 인류학을 공부한 그는 전공 분야를 살려 개발도상국의 가난한 병자들을 도왔다. 30대에는 중남미의 결핵 퇴치 운동에 앞장섰고, 40대 중반엔 세계보건기구(WHO) 에이즈 담당 국장을 맡아 '에이즈 퇴치 전도사'라는 평가를 받았다. 다트머스 대학교 총장 취임 뒤엔 대화와 소통을 통한 대학 개혁을 추진했다. 그는 운동도 좋아하여 고등학교 때는 미식축구 쿼터백을 했고, 농구와 테니스도 수준급이다.

총선을 앞둔 한국의 국내 현실은 좀 답답하지만, 글로벌 한국인 중에서는 여러 분야에서 두각을 나타내고 존경을 받는 사람이 많다. 반기문 유엔 사무총장 이후로 이번에 김용 총장이 세계은행 총재로 지명됨으로 다시 한 번 한국인 또는 한국계 미국인이 세계에 알려지게 되었다.

이번에 클린턴 부부 등 여러 사람들로부터 세계은행 총재로 추천을 받고 결국 지명을 받은 것도, 그가 단순히 대학 총장이기 때문이라기보다 이런 과거의 업적이 반영되었기 때문이리라. 한국인의 핏줄을 가진 한 사람으로서 세계의 인물이 된 그가 자랑스럽다. 남을 위해 진정으로 봉사하는 사람을 알아주는 사회는 살맛 나는 세상이다.

가지 않은 다른 길

인생을 살다 보면 젊었을 때 자신이 원했던 삶이 아닌 다른 길을 걸어가는 경우가 많다. 좋아하기는 하지만 재능이 대단히 특출하지 못해서 그런 경우도 있고, 대개는 환경이 그것을 허락하지 않기 때문이다. 내가 《블루보넷 향기》라는 책을 출판하고 나서 책을 읽은 어느 분이 목사님은 오히려 작가나 예술가가 되었으면 더 좋았겠다는 이야기를 하였다. 나도 얼마간은 동의하지만, 내가 살아온 다른 길을 후회하지는 않다. 하나님께서 나를 미국에 보내시고 목사가 되게 하신 것은 하나님의 귀한 뜻이 있다고 믿기 때문이다.

요즘 '세시봉'이라는 가수들이 다시 인기를 얻는 복고풍이 일고 있는데, 그중에 두 사람인 송창식과 윤형주는 이전에 트윈 폴리오라는 이름으로 큰 인기를 얻었다. 그런데 이번에 설 특집 공연에서 소개된 것을 보니까, 원래는 이익균이라는 사람과 세 명이 활동을 시작했는데, 그가 갑자기 군대를 가게 되어 활동을 중단하고 두 사람이 팀이 되었다는 것이 알려졌다. 이익균은 제대 후 토목공학을 공부하고 가수 대신 엔지니어가 되었다. 원래 꿈꾸어 왔던 길에서 다른 길을 가게 된 것이다. 이번에 세시봉 네 사람과 맞추어 40년 만에 노래를 부르는 것을 보니, 그는 아주 매력적인 저음을 가지고 있었다.

그러면 인생의 다른 길을 가게 되는 것은 불행일까? 그렇지 않다. 하나님은 우리 자신보다 나를 더 잘 아셔서 내가 가야 할 길을 가게 하신다. 내가 좋아하는 것과 잘하는 것은 다를 수 있고, 어느 분야에 정말 특별하지 않고는 좋아한다고 해서 다 성공하는 것은 아니다. 우리를 나보다 잘 아시는 하나님께 순종할 때 인생의 귀한 열매로 나타난다.

그러나 젊은 날 당신이 꿈꾸어 왔던 것이 있다면, 그래서 늘 잊지 못하고 언젠가 도전하고 싶었다면, 늦었다고 생각하는 지금 도전하라. 그러나 직업이 아닌 취미로 여가를 이용하여 하는 것이 좋다. 직업을 바꾸면서까지 하는 것은 둘 다 이루지 못할 가능성이 있다.

로버트 프로스트는 '가지 않은 길'이라는 시 마지막 연에서 이렇게 고백한다.

> 오랜 세월이 지난 후 어디에선가
> 나는 한숨 지으며 이야기할 것입니다
> 숲속에 두 갈래 길이 있었고, 나는
> 사람들이 적게 간 길을 택했다고
> 그리고 그것이 내 모든 것을 바꾸어 놓았다고

가지 않은 다른 길이 아름다워 보이기도 하지만 길이 두 갈래로 나뉠 때 어차피 우리는 한 길밖에 택할 수가 없다. 그 길을 택한 것을 후회하기보다 이미 자신이 택하여 걸어온 길을 아름답게 만들기 바란다. 그것을 신앙인은 하나님의 섭리라고 부른다. 자신이 택한 한 길을 꾸준히 걸어왔다면, 당신이 얼마나 성공했든 그것은 값진 인생이라고 믿는다.

당신은 어디에 있었나요?

몇 년 전 태국과 인도네시아 반도에 쓰나미가 휩쓸었을 때, 그 피해를 도우러 왔던 사람들은 90퍼센트가 크리스천이었다. 한국의 태안반도에 기름이 유출되어 해안이 망가졌을 때, 그 기름을 제거하고 피해를 입은 사람들을 도운 사람들도 대부분 크리스천이었다. 참 감사하고 자랑스런 일이다.

그런데 아직도 크리스천들은 욕을 먹고 있다. 자기들끼리만 모여서 예배하고 친교한다는 것이다. 우리가 진정한 크리스천이라면 정작 이웃이 어려울 때 나는 어디에 있었는가 물어야 한다.

리코라는 한 일본인 의사가 있었다. 그녀는 크리스천이 아니지만 일본 구호단체에 속해서 아프가니스탄에 왔다. 3년 전에 와서 누구도 흉내 낼 수 없는 헌신적인 사랑을 베푸는 그녀에게 한국에서 온 한 선교사가 꼭 전해 주고 싶은 것이 있었다. 몇 개월 동안 기도하며 준비한 복음을 카불의 어떤 식당에서 만나 전했을 때 그녀의 눈빛은 매우 진지했다.

"한 가지 묻고 싶은 것이 있어요."

선교사의 설명이 끝나갈 때 그녀는 물었다.

"여기 있는 사람들은 지옥같이 살아가는데 천국 간다는 당신 같은 사람들은 어디에 있나요? 나는 죽어 지옥에 간다고 해도 위험을 무릅쓰고 이들을 도우려 애쓰는데, 영원한 생명을 가졌다고 하는 사람들은 왜 이런 곳에 오지 않는 거죠? 나 같은 사람들은 동정심만으로도 이 험한 곳에서 목숨을 거는데, 세상을 향해 사랑을 가졌다고 하는 사람들은 어디서 무얼 하나요?"

그녀는 예의를 갖추려고 애썼지만 격앙된 감정을 숨기지 않았다. 그녀는 복음에 반항하는 것은 아니지만, 신을 믿는 사람들에게 실망해 그 신을 믿지 못하겠다고 했다. 그렇다. 사람은 참 이기적이어서 하나님을 믿어도 그 믿음과 행동이 일치하지 않는다. 예수님은 작은 자에게 물 한 잔을 베푸는 것이 곧 나에게 한 것이라고 말씀하시지만, 그 말씀은 머릿속으로만 이해되고 만다.

아무리 선행을 베풀어도 예수님을 구주로 믿지 않으면 구원받지 못한다. 그러나 구원받고 영생을 가진 사람들이 굶주림과 고통에 처한 사람을 보고도 도와주는 현장에 없다면 그것도 문제이다. 내가 아는 부부가 3년 전 아프간에 선교사로 가셨다. 그분들이 아프간에 가기 바로 전 우리 교회에 왔을 때 그곳에 가서 순교하라고 기도해 주었다. 나는 가지 못하면서 왜 그런 기도를 했던가! 지금 생각하면 마음이 아프다.

한국에도 고액 기부자들의 모임인 어너 소사이어티가 있다. 기부자 가운데는 어렸을 때 가난하게 자란 중소기업인들이 가장 많다. 잘 산다는 미국에도 의외로 끼니를 걱정하는 가난한 이웃들이 많다. 우리 동족이 아니라도 그들도 우리 이웃이다. 그들을 자기 몸처럼 여기시는 주님은 "내가 헐벗고 굶주렸을 때 너는 어디서 무엇을 하고 있었느냐?"라고 물으실지 모른다. 살기 좋은 세상은 어떻게 만들어지는가. 그것은 조금 더 가진 자가 배고픈 자에게 자신이 가진 것을 나누는 일이다.

이제 조금 있으면 봄이 올 것이다. 봄은 따스함이고 희망이다. 가슴을 따뜻하게 하는 봄 소식이 어느 땅에 살든지 어려움을 겪고 있는 이들에게도 똑같이 희망과 사랑을 느끼게 하는 소식이 되었으면 좋겠다. 지난해 미국에서 아프간의 가난한 자들을 돕기 위해 파송된 한국인 의료 선교사가 카불에서 순교했다. 그의 아내는 아이들과 계속해서 위험한 지역에 남아 선교하기로 했다는 소식을 들었다. 리코에게 좋은 대답이 되지 않았을까?

당신이 이루시고, 나는 거들고 즐길 뿐

앞뜰에 심어 놓은 사과나무 두 그루에 사과가 많이 열려 우리 식구도 먹고 이웃 성도들과도 나누었다. 사과꽃이 피었을 때는 꽃만 봐도 복사꽃처럼 아름다워 사랑스러웠고 언제 실한 열매가 될까 생각했는데, 비가 오고 햇볕을 받으니 어느덧 빛깔 고운 실한 열매가 되었다.

뒤뜰에 몇 년 전 심은 단감나무는 해마다 가지가 휘어지도록 감이 열린다. 감나무를 심은 뒤 비가 오지 않은 때면 아내가 가끔 물을 줄 뿐 특별히 우리가 한 것이라곤 없다. 그를 자라게 하신 이는, 겨우내 죽은 것 같았던 나무에서 떡잎이 나고 여릿한 꽃이 피고, 마침내 아주 작은 열매가 되었다가 점점 큰 감이 되게 하시는 이도 무제한 햇볕과 공기를 보내 주시는 창조주이다.

안 믿는 이에게 복음을 전하다 보면 살아 계신 하나님을 증거해도 통하지 않고 잘 설명이 안 되어 가슴이 답답할 때가 있다. "산과 나무와 온 우주를 하나님이 지으셨고 당신도 그분의 작품이다"라고 말하면 때로 받아들이지 않는 이도 있다. 지난주 늦은 밤 설교를 준비하다가 밖에 나가 별을 보며 "하나님, 좀 더 분명히 보여주시지 그랬어요. 어린아이라도 누구나 알도록 이것은 내 작품이라는 의미로 'Made in God'라고 써 붙이시지 그러셨어요" 하고 마음속으로 외쳤다.

그때 내 마음에 음성이 들려왔다.

"내가 다 보여주지 않았니! 모든 꽃과 나무와 동물과 물고기를 종류별로 지어서 내가 창조주인 것을 드러내지 않았니! 하나도 내 손을 거치지 않은 것이 없는데, 무엇을 더 보여주기 바라니? 한두 가지라야 내 이름을 붙이지. 그래도 못 믿어서 성경으로 기록하고 마지막에는 내 아들을 보내서 그가 나를 보면 하나님을 보는 것이라고 말했거늘…"

맞다. 모든 것이 다 당신 작품인데 무슨 표시가 필요하겠는가?

> "이는 하나님을 알 만한 것이 그들 속에 보임이라 하나님께서 이를 그들에게 보이셨느니라 창세로부터 그의 보이지 아니하는 것들 곧 그의 영원하신 능력과 신성이 그가 만드신 만물에 분명히 보여 알려졌나니 그러므로 그들이 핑계하지 못할지니라"(롬 1:19-20).

그렇다. 하나님은 영으로 계셔서 우리 눈에 보이지 않는다. 그가 만드신 만물을 통해 하나님의 존재를 알게 된다.

우리 집 뒷마당에 들깨를 몇 개만 심어 놓았는데, 지금은 여러 군데로 퍼져서 넘치게 자라 깻잎을 교회 식구들과 또 이웃과 나누고도 부족함이 없다. 삼겹살을 싸 먹고 깻잎 장아찌를 담그고, 그래도 남는다. 자라게 하시고 열매 맺게 하시는 분은 하나님이다. 우리에게 필요한 모든 것을 공급하시고, 우리가 피곤하여 잠을 잘 때도 일하시는 하나님, 당신 때문에 진정으로 이 세상은 살맛 나는 세상이다.

긍휼의 사람

어느 대학 교수가 나룻배를 타고 강을 건너고 있었다. 교수는 심심하던 차에 사공에게 말을 건네기 시작했다. 그는 사공에게 영국의 문호인 셰익스피어를 아느냐고 물었다. 그랬더니 뱃사공은 자기는 무식해서 그런 사람은 전혀 모른다며 입을 다물었다. 그러자 교수는 혀를 차며 인생의 3분의 1을 헛살았노라며 앞에 있는 나이 드신 뱃사공을 가엾게 여겼다.

얼마 후 다시 뱃사공에게 요즘 세상은 컴퓨터를 모르면 바보가 되는데, 컴퓨터에 대해 뭐 좀 아는 게 있느냐며 물었다. 대답이 뻔하자, 교만에 찬 교수는 인생의 3분의 1을 또 헛살았노라고 중얼거리며 깔보는 태도를 드러냈다.

나룻배가 호수 중간에 이르렀는데 갑자기 배가 뒤집혔다. 대학 교수가 허우적거리자, 사공은 그의 주위를 맴돌며 헤엄칠 줄 아느냐고 물었다. 그러고 나서 사람 살리라고 외치는 교수에게 이렇게 내뱉었다.

"인생 완전히 헛살았군."

성경은 '교만은 패망의 선봉'이라고 말한다. 자기가 남보다 잘하는 것이 있을지라도 다른 사람도 나보다 잘하는 것이 있다는 것을 인정해야 한다.

그렇지 않을지라도, 우리는 지식이 넘칠수록 잘 익은 벼가 고개를 숙이듯 더 겸손해져야 하고, 자리가 높아질수록 더 낮은 자리에 있어야 한다.

새해를 맞으며 긍휼, 자비, 겸손 등의 단어들이 계속 마음을 맴돈다. 긍휼이라는 단어를 헬라어 원문에서는 '하나님의 심장의 자비'라는 뜻으로 풀이한다. 하나님의 심장에서 우러나오는 깊은 동정심이라는 뜻이다. 사실 이 긍휼은 어쩌면 인간이 다다르기에는 너무 높은 하나님의 성품인지 모른다. 그러나 우리가 사는 동안 서로를 불쌍히 여기며 산다는 것, 상대방을 무시하거나 판단하지 않고 불쌍히 여기는 마음으로 바라보면 아무리 높은 장벽이라도 허물어진다.

"아니, 당신이 나에게 어떻게 그럴 수가 있어!" 했던 사람도 용서가 된다. 누가복음 1장 78절에는, 어둠과 죽음의 그늘에 앉은 자들에게 그의 아들 예수를 보내사 구원하신 것은 하나님의 긍휼을 인함이라고 고백한다.

새해에는 나보다 못한 사람을 무시하지 말고, 그에게 있는 한 가지 숨겨진 장점을 칭찬하기 바란다. 우리가 하나님의 긍휼까지는 이르지 못해도 더 겸손해지고 서로를 불쌍히 여기는 마음으로 다가가면, 상대방의 마음도 열리고 그도 내게 진심으로 다가온다고 믿는다.

이제 1월의 시작이지만 정신없이 지나고 나면 한 해는 금방 간다. 애써 주님을 닮아 서로를 불쌍히 여기고 사랑하는 날들만 삶의 발자국으로 남는다. 산다고 다 사는 것이 아니다. 내 마음에 교만과 미움과 절망이 많으면 그것은 헛사는 것이다. 고귀한 영혼을 가진 사람들이 모여 사는 세상이기 때문에 긍휼과 자비와 겸손으로 서로 품을 때 살맛 나는 세상을 이루어 가는 것이다(골 3:12).

김동호, 영화계의 숨은 별

영화제 하면 당연히 영화배우가 주인공이고 스타이다. 한국 영화가 재미있어졌고 국제 영화제에서 많은 상도 받았다. 부산국제영화제에도 훌륭한 해외 영화와 스타들, 그리고 경쟁력 있는 한국 영화들이 참가한다. 그런데 올해에는 영화배우들이 스타가 아니라 뒤에서 그 영화제를 지원하고 후원한 한 사람이 스타가 되었다는 소식이다.

1995년 부산국제영화제가 만들어진 후 15년 동안 집행위원장 자리를 지켜온 김동호 위원장, 그는 영화인이 아니고 공무원 출신이지만 15년 동안 이 영화제를 아시아에서 가장 영향력 있는 영화제로 키웠다. 또한 한국의 영화인들이라면 가장 사랑하고 참가하고 싶어 하는 권위 있는 영화제로 만들었다.

그가 15년 동안 이런 성과를 이룬 것은, 그의 청렴과 진실, 원칙을 지키는 지도력을 발휘했기 때문이다. 순수한 영화인들만의 잔치로 만들기 위해서 대통령 후보에게도 인사말을 할 수 있는 자리를 내주지 않았다고 한다. 청렴해서 영화제를 위한 일이 아니면 복사지 한 장도 헤프게 쓰지 않았다. 그러나 영화인들이 아픔을 당하면 어디든 찾아가서 따뜻하게 위로했다고 한다. 또한 여러 해외 영화제를 다니며 한국 영화를 소개하고, 해외 유명 배우나 감독을 초청하기 위해 직접 발로 뛰었다. 이번 부산국제영화제에 참석했던 프랑스의 한 유명배우는 그와의 약속을 지키기 위해 왔다고 한다.

사실 영화제 하면 레드카펫을 밟는 화려한 스타만 눈에 띄었지, 뒤에 숨어서 활약한 이가 있는지도 모른다. 이제 73세가 되어 은퇴할 때에야 조명을 받게 되었는데, 이것은 그가 얼마나 말없이 뒤에서 영화제를 섬겼는가를 보여준다.

은하계에는 우리 눈에 보이는 별도 많지만, 더 멀리 있는 별은 보이지 않는다. 그러나 그 별이 더 큰 별일 수 있다. 해외에 살면서 잘 만들어진 한국 영화를 그리워하는데, 요즘 좋은 영화가 많이 나오는 데에는 이런 분들의 숨은 공로가 있었다는 것을 알게 되었다. 그를 보내는 환송파티에서 연극인 박정자 씨와 춤을 추는 노신사의 모습이 참 아름다웠다. 영화인들은 그가 은퇴 후라도 한국 영화 발전을 위해 계속 후원해 줄 것을 기대하는 바람을 나타냈다.

조용히 자기 할 일에 최선을 다함으로 자기가 아니라 그 일을 성공시키는 사람, 이런 분들이 우리 사회에 많이 있으니 살맛 나는 세상이 아닐 수 없다. 숨은 별들이 모여서 아름다운 은하계를 이루듯이, 조용히 자기 자리에서 최선을 다하는 사람들이 밝고 살맛 나는 세상을 만들어 간다.

새순이 돋는 봄입니다

집 앞뜰에 심어 놓은 사과나무에 연한 핑크빛 꽃이 핀 지 일주일이 지났는데도 뒤뜰에 심어 놓은 감나무와 석류나무에는 잎이 나지 않았다. 지난 겨울 혹독한 추위에 얼어 죽었나 보다 생각했다. 한파가 몰려와서 땅이 얼었을 때 나무에 비닐이라도 덮어 주었어야 했는데, 그냥 둔 것이 잘못이라는 후회가 되었다.

그런데 죽은 줄 알았던 감나무와 석류나무에 새순이 나왔다고 아내가 좋아하였다. 나도 반가운 마음에 뒤뜰에 나가 보니 석류나무 세 그루 가운데 순이 나지 않고 있던 그 나무에 아주 작고 여린 새순이 돋고, 고목나무처럼 말라 버렸던 감나무에도 새순이 돋아 있었다.

아! 참 신기하다. 어찌 죽은 것 같던 가지에서 저리 새순이 돋아날까. 반가운 마음으로 안아 주고 싶고, 어린 새순과 악수라도 하고 싶었다. 겉으로 보기에는 죽은 것 같지만 가지 껍질 안에는 생명이 살아 있고, 때가 되자 생명의 기운이 새순을 밀고 나온 것이다. 겨우내 죽은 것 같던 식물에서 올라오는 새순이 어찌 우리 집 뒤뜰에 있는 나무뿐이겠는가?

너무 추우면 더러는 얼어 죽는 경우도 있지만 살아 있는 것은 다

봄이 되면 움을 틔운다.

어제 우리 교회에 나오지 않는 어느 분과 잠시 대화를 했는데, 성경의 다른 말씀은 좋은데 하나님의 창조와 예수님의 부활이 믿어지지 않는다고 하였다.

하나님께서 이 세상에 생명을 창조하시고 땅에도 생명의 기운을 불어넣으셨기 때문에 생명이 싹을 틔우는 것이고, 예수님의 부활도 죽은 것 같던 식물에서 다시 새순이 나듯 죽음을 이기고 부활하는 것이다. 땅속에는 우리 눈에조차 보이지 않는 수만 가지의 생명체가 존재한다. 그것이 땅을 순화시키고 기름지게 하여 다시 생명을 자라게 하는 것이다.

한겨울에 잎이 다 지고 난 뒤에도 생명의 기운은 살아서 봄을 준비한다. 사람이 피곤하여 잠이 들면 활동을 멈추지만 다시 아침이 되어 깨어나면 살아 움직이듯이 생명은 우리 속에 내재되어 있다.

봄이다. 봄은 생명이 태어나고, 제자리로 돌아오고 솟구치는 계절이다. 봄은 모든 생명 있는 존재가 부르는 희망의 노래이다. 인생의 길에서 지난 겨울 혹독한 추위를 지났을지라도, 메마른 가지처럼 힘이 없을지라도, 내 속에는 하나님이 주신 생명의 기운이 있다. 그 기운이 싹을 틔우고 밀고 올라오면 거기에 잎이 무성해지고 꽃이 피고 실한 열매를 맺는다.

그래서 봄은 희망이요, 다시 일어섬이다. 우리 집 뒤뜰의 감나무에도 곧 잎이 무성해지고 가을이 되면 주황빛 감이 주렁주렁 열매를 맺을 것이다. 우리 삶에도 때로 춥고 뼈아픈 겨울이 있지만, 이내 다시 희망의 새순이 돋는 봄이 오고야 만다는 사실이 우리를 살맛 나게 한다.

하나님을 섬기는 사람은 마음과 물질과 기도로 부모님도 잘 섬기는 것을 본다. 평생 자식을 위해 손이 갈퀴처럼 되도록 일하며 기도하시는 백발이 성성한 어머님 얼굴을 곧 보게 되어 기쁘다. 이민 생활에 바빠서 고국에 계신 부모님을 잘 모시지 못했을지라도, 열심히 운동하고 건강을 지켜서 기쁨으로 부모님을 만날 수 있기를 바란다.

새 아침을 노래함

여기 한 무명 시인이 쓴 '산책'이라는 시가 있다.

동녘 하늘이 붉게 물드는 이른 아침
우리 오솔길을 걸어요
아침의 속삭임엔 속세에 물든 영혼을 씻기고
지친 발은 안개에게 씻깁시다
나무들 기침 소리는 우리를 반기는 소리니
바람을 나무라진 마십시다
들꽃과 풀들의 소곤거림은
아직 꿈속을 헤매는 것이니
우리 조용히 오솔길을 걸어요
돌아올 땐 가슴 벅찬 하루가 기대되고
햇살 한 줄기 손안에 가득할 거요

— 단야 '산책' —

한편 시인 조병화 님은 '의자'라는 시에서 이렇게 아침을 노래했다.

지금 어드메쯤 아침을 몰고 오는 분이 계시옵니다
그분을 위하여 묵은 이 의자를 비워 드리지요
지금 어드메쯤 아침을 몰고 오는 어린 분이 계시옵니다
그분을 위하여 묵은 이 의자를 비워 드리겠어요
먼 옛날 어느 분이 내게 물려주듯이
지금 어드메쯤 아침을 몰고 오는 어린 분이 계시옵니다
그분을 위하여 묵은 이 의자를 비워 드리겠습니다

"주여! 아침이 오는 소리가 들립니다. 묵은 해가 가고 새 아침이 달려옵니다. 지난 한 해 어려움과 기쁨이 함께했던 날들을 감사로 문을 닫습니다. 지나간 날들을 삶의 한 페이지로 넘기며 다가오는 새날, 아침 햇살의 미소에 창문을 열고 새로운 날의 만남에 설레는 가슴을 엽니다. 아침은 날마다 오지만 오늘은 어제의 그날이 아닙니다. 오늘의 아침은 새로운 창조의 빛으로 힘차게 다가옵니다.

새로운 날을 뜨거운 포옹으로 맞이합니다. 새해의 아침은 떠오르는 태양만큼 뜨겁고 아름답고 꼭 필요한 아침이 되게 하소서. 시간이 한순간도 멈추어서 나를 기다려 주지 않듯이, 나도 한 뼘의 시간조차 헛되이 보내지 않을 것입니다.

주를 향한 나의 진심이 과녁을 향해 날아가는 화살처럼 모이게 하시고, 주님이 주시는 은혜의 단비에 흠뻑 젖게 하십시오. 나를 만나는 사람마다 기쁨과 평안이 그리고 작은 감사가 있게 하시고, 나로 인하여 그가 희망과 생명의 노래를 부를 수 있다면, 나의 아침은 참으로 값지게 피어날 것입니다.

아침은 새로움입니다. 당신이 주시는 새날의 여명을 일찍 맞이하고, 기도의 책상에 잠시 머문 다음 산뜻한 발걸음으로 산책을 하렵니다. 대지에 충만한 신선한 공기를 값없이 호흡하며, 가슴에 긍정의 마음을 채우겠습니다. 희망으로 하루를 설계하고, 새날 새 한 해가 기쁨과 감사로 이어지도록 힘차게 노를 저어 가겠습니다."

새해 새 아침은 거창한 것이 아닐지라도 우리에게 희망을 주는 새 아침이다. 그분의 오심을 기대하며 의자를 비워 드리듯이 마음을 비워 생명의 빛으로 오신 주님을 영접하면 내 마음은 빛나는 아침 햇살이 된다. 세상에 속한 욕심과 경쟁과 미움을 빈 의자로 비우면 가슴에는 평안과 기쁨이 찾아온다.

"오늘 하루 피곤하셨습니까? 자고 나면 새 아침입니다. 아침의 희망을 놓치지 말고 내 것으로 만드십시오. 그러면 오늘 하루가, 더 나아가서 올 한 해가 살 만한 세상이 될 것입니다."

세상 모두 사랑 없어

10년 전쯤, 태권도장에 세 딸과 막내 아들을 보내는 이중문화 가정이 있었다. 남편은 미국인으로 미국 정유회사의 부사장이고, 아내는 한국인으로서 전업주부였다. 우드랜드 호숫가에 넓고 아름다운 집을 가진 매우 단란해 보이는 가정이었다. 그런데 1년쯤 후 아내의 얼굴에 기미가 끼고 수심이 가득한 것을 발견했다. 무슨 일이 생긴 것을 짐작했지만 차마 물을 수가 없었다.

같은 창녕 조씨로서 먼 친척뻘인 여자분은 어느 날인가 내 아내에게 아픈 속내를 털어 놓았다. 남편과 한 집에 살지만 별거 중이며, 남편이 같은 회사에 다니는 젊은 여비서와 아기까지 낳고 이혼을 요구한다는 것이다. 남편은 많은 재산을 가졌지만, 한국인 아내가 아이들이 가끔 잘못했을 때 체벌한 것을 학대했다고 꾸며, 살고 있는 집 하나만 주고 법원으로부터 이혼을 허락받았다.

몇 년 후 그분을 만났을 때, 아이들을 잘 키우고 있지만 믿고 사랑했던 남편으로부터 버림받은 깊은 상처와 배신감으로 얼굴이 많이 수척해진 것을 보았다.

4월 29일자 신문에 어느 여자가 배신한 남자의 이를 모두 뽑아 버렸다는 기사가 실렸다. 폴란드에 사는 이 여자는 치과의사인데, 배신하여 다른 여자에게 간 전 애인이 치통이 생겨 치료를 받으러 왔을 때, 강한 마취제 주사를 놓고 깊이 잠든 사이에 위아래 성한 이를 모두 뽑아 버렸다. 남자는 순식간에 이를 다 잃었고, 새 애인마저 이도 없는 남자와는 살 수 없다며 떠나갔다는 것이다. 치과의사인 전 애인은 성한 이를 뽑은 죄로 3년 이하의 징역에 처하게 되었지만, 그래도 배반한 남자에게 복수를 해서 속이 시원하다고 말했다.

세상을 살면서 당하는 고통과 아픔을 깊이 들여다보면 사랑이 없는 것이 문제이다. 미국이나 한국이나 할 것 없이 이혼이 늘어나고, 나이 든 세대마저 황혼 이혼이 늘어나고 있다. 오래 살다 보면 권태감이 생기고 사랑이 식을 수도 있다. 그렇다고 아이 낳고 몇 십 년을 살아온 부부가 더 이상 너를 사랑하지 않는다며 이혼을 요구하는 것은 너무나 이기적이고 무책임한 행동이다. 서로가 돌아보고 고칠 점은 고치고, 마음을 합하여 화목한 가정을 이루어야 한다.

40년 동안 부부상담을 한 게리 체프먼은 《사랑의 다섯 가지 언어》란 책에서 부부 관계를 회복하기 위해서는 다섯 가지 언어가 필요하다고 말한다. 첫째로 인정하는 말, 칭찬하는 말, 둘째로 함께하는 시간, 셋째로 선물, 넷째로 봉사, 다섯째, 스킨십 등이다.

마크 트웨인은 "나는 한 번 칭찬을 받으면 두 달 동안은 잘 지낼 수 있다"라고 했다. 남에게 관심을 갖고 인정하는 말을 하면 그곳에 사랑이 머문다. "당신 옷 참 잘 어울려. 수고했어. 설거지해 주어서 고마워" 등의 말을 자주 하라. 사람들은 돈이 없어 불행하다고 생각할지 모르지만 외로운 사람이 진정으로 원하는 것은 따스한 말 한마디와 함께해 주는 것이다.

같은 소파에 앉아 함께 TV를 시청해도 아무 대화가 없으면 함께하는 것이 아니다. 그것은 TV와 함께하는 것이다. 부부 사이라도 마음으로 함께하는 시간이 없으면 멀어진다. 사랑이 메말라 간다. 한 달에 한 번이라도 상대방이 좋아하는 일을 같이 하며 진정으로 함께하는 시간이 필요하다. 사람이 고통받는 것은 사랑이 없기 때문이다.

찬송가는 "세상 모두 사랑 없어 냉랭함을 아느냐 곳곳마다 사랑 없어 탄식 소리뿐일세"라고 한다. 사랑은 거저 얻어지는 것이 아니고 서로 노력해야 한다. 가정에서부터 사랑이 회복될 때 세상은 살 만한 세상이 될 것이다.

좋은 사람

고등학교 때 친구의 고모가 YMCA 총무를 하고 있었는데, 그분의 이름이 '조아라'였다. 우리는 어쩌다 그분을 만나면 "아이 좋아라" 하고 놀리기도 하고, 가끔 좋은 말씀을 듣기도 했다. 나중에 그분에게 그런 이름을 갖게 된 연유를 물었더니, 교회 장로님이셨던 아버님이 평생 기쁨으로 살라고 그런 이름을 지어 주셨다고 한다.

내가 목사가 된 뒤 그분을 생각하면서 내 이름을 조은 목사라고 바꿀까 잠시 생각한 적이 있다. 그러면 평생 이름 때문에라도 좋은 목사로 살지 않을까 하는 바람에서다. 결혼 적령기가 되었는데 아직 결혼을 하지 않은 사람에게 언제 결혼할 거냐고 물으면, 좋은 사람 만나면 결혼하겠다고 대답한다. 가끔 우리는 누군가에게 새로운 사람을 소개할 때 "참 좋은 분입니다" 하고 소개하는데, 과연 어떤 사람이 좋은 사람일까?

우리는 대개 진실한 사람, 정직한 사람, 그리고 마음이 따뜻한 사람을 좋은 사람이라고 생각한다. 사실이다. 진실하고 정직한 사람은 성경에서 말하는 의인하고도 가깝기 때문이다. 새해에는 잘난 사람이 아니어도, 너무 똑똑한 사람이 아니어도, 크게 성공한 사람이 아니어도 모두가 좋은 사람이었으면 좋겠다.

좋은 사람은 마음이 따뜻해서 남의 허물을 덮어 줄 줄 알고, 자기 주장만 내세우지 않는 사람이다. 사람을 사귈 때 말이 신중하여 신뢰가 가는 사람이다. 그런 사람은 성실하고 부지런하여 남자라면 가족을 책임질 수 있는 사람이다. 여자라면 가족을 귀하게 여기고, 자기 자리를 지키며, 기도하는 사람이다. 다소 황당한 일을 당해도 쉽게 화내지 않고, 오히려 유머나 농담으로 편안하게 해주는 여유로운 사람이 좋은 사람이다.

너무 조급해 하거나 불안해 하지 않고 낙관적으로 세상을 사는 사람, 가족과 함께 틈틈이 여행을 하며 새로운 세상을 향하여 열린 사람, 비판적이기보다는 긍정의 눈으로 사람과 사물을 보는 사람, 그런 사람이 좋은 사람이다. 거기다가 하나님을 믿는 믿음이 있는 사람이면 그 사람은 오래도록 변하지 않는 뿌리가 있고 소망이 있는 사람이다. 영원히 함께 가는 동반자가 된다.

좀 더 구체적으로 말하면 좋은 사람은 이런 사람이다. 아이와 걸을 때는 천천히 걷고, 여자와 걸을 때는 차도 쪽을 걷고, 길을 물으면 자세히 가르쳐 주고, 친구와 대화할 때는 그것이 꼭 필요한 말이 아니더라도 충고하기보다 들어줄 줄 아는 사람, 남을 비판하기보다 격려하고 칭찬할 줄 아는 사람은 정말 좋은 사람이고 필요한 사람이다.

누군가가 그런 말을 했다. 5년 전 생일에 무엇을 받았는지 기억이 나지 않지만 20년 전 어느 꼬마가 내게 좋은 비누 냄새가 난다는 칭찬이 아직도 기억난다고. 그렇다. 진심 어린 칭찬은 생을 살맛 나게 한다. 지나간 아픈 상처를 되새기기보다 미래 지향적인 사람, 비싼 차와 명품 옷만으로 사람을 평가하지 않는 사람, 실패와 실수에도 허허

웃으며 툭툭 털고 일어서서 새롭게 도전하는 사람, 그런 사람이 많은 세상은 즐겁다.

　새로운 한 해, 내가 그런 사람이 되고 그런 사람을 많이 만나는 행복한 한 해가 되기를 기원한다.

내겐 꿈이 있어요

한 여자 아이가 시골 구석에서 사생아로 태어났고, 아홉 살밖에 안 되는 어린 나이에 사촌오빠로부터 성폭행을 당했다. 열네 살에는 미혼모가 되었으나 그 아이는 2주 만에 죽고 말았다. 또 마약 사범으로 수감되기도 하였다. 이런 사람도 아름다운 미래를 설계하며 꿈을 꿀 수 있을까? 하지만 그런 그가 20세기 가장 부유한 흑인계 미국인이 되었고, 세계에서 가장 영향력 있는 100인 중 한 사람으로 선정되었다. 또한 미국의 상위 자선 기부자들 중 한 명이 되었는데, 그가 바로 오프라 윈프리(Oprah Gail Winfrey)이다.

그는 엉망인 과거를 청산하고, 열아홉 살에 시카고 지역 방송국에서 일하기 시작했고, 저녁 뉴스의 공동 뉴스 캐스터를 맡았는데, 마침내 삼류였던 지역 토크 쇼를 최고의 자리로 끌어올렸다. 그는 매주 최소 1,400만 명이 청취하는 자신의 토크쇼를 25년 동안 진행하였고, 2011년 5월 17일 스스로 멋지게 은퇴하며 막강하고 아름다운 영향력을 남겼다.

그리고 그는 명예로운 상을 휩쓸다시피 하였다. 2010년 케네디 센터 평생공로상, 2005년 방송인 부문에서 국제 에미상, 2005년 세계에서 가장 영향력 있는 유명인사 100인 중 최고의 명사로 선정되었고,

2004년에는 유엔이 주는 '올해의 세계 지도자상'을 수상하였다.

오프라 윈프리를 보며 무엇을 배울 수 있는가?
어릴 적 또는 젊은 날의 실패와 아픈 상처는 극복하기에 따라 분명히 성공을 위한 밑거름이 될 수 있다는 것이다. 과거의 실패와 상처에 매여 살지 마라. 과거는 과거일 뿐이다. 미래를 향한 꿈을 갖고 앞으로 나아가라. 꿈을 향해 전진하는 인생은 그 자체만으로 아름답다.
그에게는 독특한 성공 십계명이 있었다. 몇 가지만 소개하면 다음과 같다.

1. 내 인생을 다른 사람을 즐겁게 하기 위해 살지 마라.
4. 등 뒤에서 헐뜯는 사람들을 없애고 나를 더 높은 곳으로 올려 줄 수 있는 사람들로 주위를 채워라.
5. 친절해라.
6. 음식이건 술·마약이나 행동 습관이건 간에 중독될 만한 것을 없애라.
7. 본인만큼 똑똑하거나 아니면 더 똑똑한 사람들과 함께하라.
9. 절대 네 힘을 다른 사람에게 넘겨 주지 마라.
10. 꿈을 추구함에 있어 꾸준히 하라.

그렇다. 주위에 좋은 사람들로 채우는 것이 중요하다. "절대 네 힘을 다른 사람에게 넘겨 주지 말라"는 부분도 의미가 있다. 무엇보다 꿈을 추구함에 있어서 꾸준해야 한다.
흑인계 한국인 가수인 인순이가 부른 '거위의 꿈'이 생각난다.

난 난 꿈이 있었죠 버려지고 찢겨 남루하여도
내 가슴 깊숙이 보물과 같이 간직했던 꿈
혹 때론 누군가가 뜻 모를 비웃음
내 등 뒤에 흘릴 때도 난 참아야 했죠
참을 수 있었죠 그날을 위해
……
그래요 난 난 꿈이 있어요 그 꿈을 믿어요

가수 인순이는 1950년대 한국에서 흑인 혼혈로 태어나 얼마나 힘들게 어려움을 헤쳐 나왔을까? 인순이는 아버지를 한 번도 본 적이 없다고 한다. 하지만 원망하지 않는다고 했다.

"제 아버지는 한국에 폐를 끼치러 온 사람이 아니라 한국을 도와주려고 온 군인이었어요. 1999년 미국 카네기홀 공연을 마치고, 워싱턴 DC에서 한국전에 참전한 미국 노병들을 초청해 공연을 한 적이 있어요. 그때 저는 '여러분이 제 아버지입니다'라며 노래를 불러 드렸어요."

이렇게 꿈을 가진 사람은 멋진 인생을 살 수 있다. 어렸을 때 어떤 불우한 환경을 겪었을지라도, 꿈을 갖고 노력하면 멋지게 성공할 수 있는 사회가 되었다는 것은 분명 살맛 나는 세상이다. 비슷한 나이인 두 사람은 할머니가 되어서도 이 땅의 상처 받은 젊은이들에게 꿈을 심어 주는 사람이 되리라고 나는 믿는다.

소명 1, 2, 3

영화 연출을 전공한 신현원 감독이 만든 〈소명〉 시리즈 다큐멘터리 영화가 기독교인뿐만 아니라 비기독교인에게도 많은 감동과 교훈을 주고 있다.

2009년 첫 번째 만들어진 〈소명 1〉은, 강남 8학군의 좋은 외국어 학교에서 교사를 하다가, 하나님의 부르심을 따라 아마존 밀림 지역 종족에게 나아가서 그들의 형제가 되어 살아가는 강명관, 심순주 선교사님 가족의 이야기이다. 그 종족은 아마존 밀림 지역 깊숙한 곳에 사는, 일명 '들판의 개'라고 불리는 인구 100명에 불과한 바나와족이다. 7년째 그 원주민과 함께 살면서 그들의 언어로 성경을 번역하고 그들의 삶을 변화시키는 일상을 그린 영화이다.

〈소명 2〉는 어릴 때 축구 묘기 세계 챔피언 출신인 강성민 씨가 태국에 선교사로 가서, 지금은 태국과 미얀마 사이 바다 집시 모겐족 어린이 축구팀을 만들어 그들에게 희망을 불어넣고 있는 이야기이다. 〈모겐족의 월드컵〉이라는 영화로 만들어졌는데, 2010년 10만 명의 관객이 이 영화를 보았다.

〈소명 3〉은 연세대 세브란스 의과대학을 졸업하고 병원장으로 근무하다가, 48세에 네팔 선교사로 헌신하여 히말라야 산맥에서 의료 선교사로 살아가는 77세 할아버지의 이야기이다. 히말라야의 슈바이처라고 불리는 강원희 선교사님 부부가 바로 그 주인공이다.

나는 아직 영화를 보지 못했지만, 사진으로 보는 아마존 원주민과 함께 사는 부인 최화순 선교사님의 해같이 밝은 웃음이 어찌나 행복해 보이던지 가슴이 뭉클했다. 네팔과 방글라데시, 에티오피아 등 가난한 나라만 찾아다니며 30여 년 동안 선교사로 헌신하고, 히말라야 산을 배경으로 만년설처럼 하얀 백발을 휘날리고 서 있는 강원희 선교사의 모습도 너무나 아름다워 보였다.

이 영화를 만든 신현원 감독은, 스무 살 때 늦게 형수의 권유로 예수를 믿고 창세기 1장을 통해 하나님을 만난 뒤 독립영화 프로덕션을 만들었다. 그는 8년 전 아프리카에 촬영을 갔다가 자기보다 네 배나 몸집이 큰 오랑우탄에게 물려 죽을 뻔하였고, 험한 산지에서 오토바이를 타고 촬영하다 떨어져 혼수상태에 빠졌다가 깨어난 적도 있다. 〈소명 1〉을 찍기 위해 아마존 지역을 촬영하면서 독충이 다리를 물어 벌집처럼 된 것을 보았다.

77세이지만 앞으로도 하나님이 천국으로 부르시는 날까지 사명을 다하겠다는 강원희 선교사님 부부는 이렇게 말한다.

"세상에는 가난한 사람도 있고 부자도 있습니다. 약한 사람도 있고 건강한 사람도 있습니다. 약하다고 삶을 포기하거나 강하다고 착취하면 세상은 악해지고 살맛이 나지 않습니다. 여유 있는 사람들이 어려운 사람을 돌보지 않으면 세상은 불공평해집니다."

가난하고 버림받은 자들을 위해 자신의 안전을 돌보지 않고 생명을 불사른 영원한 청년 강원희 선교사님이 정말 부럽다.

생명을 드려 선교하는 분과 그 현장을 찍기 위해 어려움을 감당하는 사람 모두가 소명이 없이는 그 일을 할 수 없었을 것이다. 소명은 하나님의 부르심이고, 그 부르심대로 사는 것이다.

지난 월요일 김영란 선교사님이 섬기는 태국 선교센터에 가서 말씀을 전하면서 사도행전 20장 24절 말씀 "은혜의 복음 증거하는 일을 마치려 함에는 나의 생명을 조금도 귀한 것으로 여기지 않는다"라는 사도 바울의 간증을 전했다. 그들의 삶을 보면서 나는 하나님의 소명을 위해 생명을 얼마나 드리고 있는지 돌아보게 된다. 나이가 무슨 상관이랴. 나도 멀지 않은 장래에 가난한 나라에 가서 그들을 섬기는 선교사의 삶을 살고 싶다.

엄마를 부탁해

2011년 4월 9일, 미국에서 신경숙 작가가 쓴 《엄마를 부탁해》라는 소설이 영문판과 한글로 발간되었다. 소설 속의 어머니는 자식을 위해 희생하고, 늙어서 치매가 걸렸다. 전북 정읍에 사는 신 작가의 실제 어머니는 치매에 걸리지 않았다. 6남매나 되는 자식들을 키우기 위해 억세게 일하고 희생하신 분이다. 그 어머니는 문맹이었다.

신 작가가 어린 시절 집안에서 맡았던 가장 큰 임무는 어머니 앞에서 편지를 읽고 쓰는 일이었다. 서울에서 직장을 다니던 큰오빠가 편지를 보내면 어머니는 손에 꼭 쥐고 어린 경숙이가 학교에서 돌아오기만 기다렸다. 경숙은 어머니에게 편지를 읽어 드리곤, 어머니 말씀을 받아 적어 답장을 썼다. 그녀는 가끔 편지 대필이 지겨워 숙제를 해야 한다는 핑계를 대곤 도망치기도 했다. 그녀는 나중에야 어머니가 정규 교육을 받지 못해 글을 배우지 못했다는 사실을 알았다.

15세 때부터 가족을 떠나 서울에서 살던 그는, 어느 날 고향에 내려갔을 때 막냇동생이 어머니에게 한글을 가르치는 것을 보곤 깜짝 놀랐다. 그녀의 어머니는 지금도 딸의 책을 읽지 못한다. 그런 어머니가 틈만 나면 성경을 펼쳐 놓는다. 기도문을 읽지 못하지만, 다 외워서 마치 그것을 읽고 있는 듯이 하늘에 빈다고 한다. 이제는 다 자라서 품을 떠난 자식들을 위해서….

한국의 어머니는 희생의 상징이다. 자식을 위해서라면 자기를 희생하며 사는 것을 아까워하지 않는다. 그것이 희생이라고 느끼지 않고 자식이 잘되는 것만으로 기뻐한다. 나의 어머니도 젊었을 때 농촌에서 힘들게 일하시며, 자식들을 키우느라 손에 바르는 로션 하나 사지 않아서 갈퀴손이 되실 만큼 희생하며 사셨지만, 자식들에게는 좋은 것으로 입히고 먹이고자 노력하셨다.

그런 어머니의 모습이 우리가 자란 세대의 대부분의 어머니상이다. 올해 93세이신 나의 어머니는, 심하진 않지만 3년 전부터 치매가 생겼다. 자신이 업어 주고 키우신 손자도 때로 못 알아보신다. 그런데 2년 전에 내가 한국에 나가 뵈었을 때 "아, 왔어! 이제는 내가 죽어도 원이 없겠네" 하면서 아들은 알아보셨다.

어머니의 희생을 진심으로 이해하는 사람은 예수님의 희생의 의미를 안다. 그가 자기 목숨보다도 자녀 된 우리를 더 사랑하신다는 것을….

《Please look after Mom》이라는 이름으로 초판 10만 부를 발행한 이 책이 미국에서 얼마나 팔릴지는 알 수 없지만, 엄마의 아름다운 희생 이야기가 미국 독자들의 마음을 감동시키고, 엄마들의 희생을 잊고 사는 우리에게 눈물로 어머니의 사랑을 기억하게 할 것이다. 어머니의 사랑이 있는 한, 이 땅은 우리가 돌아갈 포근한 고향의 품이 있는 것처럼 살맛 나는 세상이라고 믿는다.

여유와 낭만

1박 2일 동안 오스틴에서 있었던 목사님들 모임에 잠시 다녀왔다. 주로 친교를 나누는 모임이었다. 그 자리에서 자연스럽게 자신의 목회를 돌아보고 나누는 기회가 있었다. 교회를 섬기면서 목사님마다 기쁨과 아픔이 있지만 다들 훌륭하게 감당하고 있었다. "나는 작은 목회지만 여유와 낭만을 잃지 않으려고 합니다" 하고 나누었을 때 모인 분들이 위로가 된다고 하였다.

뉴욕에 은퇴하신 이계선 목사님이 계신다. 글을 잘 쓰셔서 가끔 그분의 글을 읽고 은혜를 받는다. 이 목사님은 은퇴하신 후로, 본인이 '돌섬'이라고 부르는 Far Rockaway 섬 노인 아파트에서 사모님과 함께 매일 바닷가를 산책하는 여유로운 삶을 살고 계신다. 한국에는 98세 되신 어머니가 계시고, 일곱 형제자매가 모두 생존해 있어서 어머니와 그들의 나이를 모두 합치면 570년이 되는 다복한 집안이다. 현재 70세인 목사님은 은퇴했지만 방송 설교를 하시고, '아멘넷'이라는 사이트에 칼럼도 연재하시는데, 그 글을 보면 얼마나 여유와 낭만이 담겨 있는지 많이 배우고 있다.

올해 5월에는 한국을 나가서 여러 곳에서 설교도 하시고, 큰형님 댁에 계시는 어머니와 한 방에서 2주 동안 머물면서 효도를 하였다고 한다. 그런데 어머니가 많은 자식을 두셨지만 자식들에게 폐가 될까 봐 자기 방에만 계시면서 스스로 고아처럼 어린아이가 된 것을 보고 가슴 아파하는 글을 읽었다.

본인은 훌륭하게 잘 자란 3남매를 두셨는데, 자식들을 의지하지 않고 바람이 지나가고 해안가가 아름다운 돌섬으로 이사해서 사모님과 두 분이 신혼처럼 여생을 보내시는 것을 보고, 이분이야말로 여유와 낭만이 있는 목사님이라는 생각을 했다. 그 아파트에는 흑인들이 많이 살고 이전에 조폭으로 활동하던 사람도 있는데, 그런 친구들이 무섭지 않느냐고 하니 처음에는 돈을 달라고 하여 겁이 났지만, 지금은 맛있는 한국 반찬을 만들어 오히려 그들을 초대하고 친구가 되었다고 한다.

여유는 나이가 들고 모든 것이 갖추어진 조건에서 생기는 것은 아니다. 포에버 21을 창립하여 전국에 400여 개의 매장을 갖고 연 매출 10억 달러를 올리는 50대 중반인 장도원 회장은, 어디에 출장을 가도 그 바쁜 일정 가운데서 신앙의 절대성과 여유를 갖고 새벽기도를 빠지지 않는 사람이다. 피곤하여 일어나기가 싫을 때는 침대에서 일부러 굴러 떨어져서라도 교회에 가서 기도하는 멋진 사람이다.

생활이 한가해야만 삶이 여유로워지는 것이 아니다. 마음에 여유를 갖고 살면 바쁜 가운데서도 여유를 가질 수 있다. 여유와 낭만이 있는 삶은 삶이 메마르지 않고 나 자신뿐만 아니라 다른 사람에게도 평안과 기쁨을 준다. 무엇보다 내 인생이 하나님을 만나고 믿음이 있으면 여유가 생기고 평안이 있다. 그리 대단한 것을 성취하지 않아도 여유와 낭만을 잃지 않고 사는 것이 살맛 나는 세상을 만들어 가는 것이라고 믿는다.

자동차, 비행기, 그리고 컴퓨터

전기를 발명한 사람과 자동차를 발명한 사람, 그리고 하늘을 날고 싶은 인간의 꿈을 실현시킨 사람 중에서 어떤 사람이 더 위대한 사람일까? 세 가지 다 인간 생활에 너무나 중요하고 혁신적인 발명이니 우열을 가리기가 힘들 것 같다.

에디슨이 전기를 발명한 것은 1880년이고, 바로 몇 년 후 벨이라는 사람이 전화를 발명했다. 우리가 사는 이 시대에 전기가 없고 전화도 없다고 생각해 보라. 그 생활의 불편함이란 이루 말할 수 없을 것이다. 자동차도 마찬가지이다. 내가 사는 휴스턴에서 댈러스까지 차로 4시간 걸리는 거리를 걷거나 자전거를 타고 가야 하다면, 하루 종일 달려도 도착하지 못할 것이다.

유럽에서 수제품으로 만들어져서 몇몇 사람만 타고 다니던 자동차가 대중화된 것은, 미국의 자동차왕 헨리 포드에 의해서다. 그 당시 귀족들만 타던 자동차의 가격을 3분의 1로 낮추어서 대중화시켰고, 1907년부터 20년 동안 미국에서만 1,500만 대가 팔려서 자동차가 발이 된 시대를 열었다.

만약 비행기가 아직 없었다면, 한 달 이상 배를 타고 와야 하는 불편함 때문에 20년 전 나의 가족은 미국 이민을 포기했을지도 모르고, 세계 여러 나라를 여행하는 것 역시 극히 제한되었을 것이다. 1903년 라이트 형제가 비행기를 날 수 있게 한 것은 의외로 조그만 발견이었다. 기체가 좌우로 기울었을 때 좌우의 날개 면이 휘는 것에 변화를 주면 떠오르는 힘에 차이가 생기고, 그 기우는 차이를 고칠 수 있는 방법만 찾으면 된다는 것을 알아냈다. 그들이 가벼운 엔진을 발견하여 시험 비행을 하던 날, 많은 사람을 초청했지만 다섯 사람밖에 오지 않았다. 사람들이 믿지 않았던 것이다.

지난주 타계한 스티브 잡스를 전기를 발명한 에디슨이나 비행기를 만든 라이트 형제와 비교하는 사람이 있다. 그만큼 개인용 컴퓨터와 휴대폰이 세상을 바꾸어 놓았기 때문이다.

하나님은 세상을 지으시고 운행하시지만, 한 천재의 창조적 아이디어는 그 다음으로 세상을 변화시킨다. 애플사를 창업한 스티브 워즈니악과 스티브 잡스가 젊은 시절 컴퓨터 행상을 하면서 컴퓨터를 개발해 그들의 차고에서 애플 컴퓨터를 만들어 판매했다. 그때 새로 개발한 그들의 컴퓨터 이름을 무엇으로 할까 하는 의논 중에, 한입 베어 문 사과를 들고 있다가 이걸로 결정하자 해서 그렇게 했다는 이야기가 전해져 온다. 한입 베어 문 사과의 의미가 완벽한 컴퓨터를 만들자는 의미라는 등 여러 가지 말이 있지만 단순히 먹고 있던 사과를 생각하고 이름을 정했다는 것이 정설로 되어 있다.

젊은 미혼모의 자식으로 태어나 한 살 때 입양되고, 대학 입학 후 노동자였던 양부모에게 학비를 달라고 손 내밀기가 부담스러워 중퇴를 하고, 컴퓨터 회사를 차려 20대에 억만장자가 되었다가 회사에서

쫓겨난 잡스, 하지만 애플에 복귀하여 연봉 단 돈 1달러를 받으며 애플을 세계적인 회사로 올려놓은 그는 분명 현대인의 신화가 되기에 충분하다.

창조적 아이디어는 하나님이 인간에게 주신 최고의 선물이다. 그런 아이디어는 남과 다르게 생각할 수 있는 데서 나온다. 그러므로 간혹 아이들이 상식을 뛰어넘어 다르게 생각하고 말할 때 그것이 틀렸다고 하지 말아야 한다. 대학을 졸업하지 않았다고 큰일 난 것처럼 말할 필요도 없다. 빌 게이츠나 스티브 잡스 등 오히려 중퇴한 사람이 세상을 바꾸어 놓는다. 살기 좋은 세상은 때로 다르게 생각할 수 있는 사람이 만들어 간다는 것은 2011년 10월 5일 췌장암으로 세상을 떠난 스티브 잡스가 증거해 준다.

나눔의 미학

나는 어렸을 때 가난의 어려움을 겪어 본 사람이다. 초등학교 때 공부를 꽤 잘했는데 가정 형편이 어려워 중학교에 갈 수 없었다. 어린 나이에도 공부가 하고 싶어 틈틈이 검정고시 준비를 했고, 4년 후에 어느 병원장님의 배려로 취직이 되고 야간 고등학교에 갈 수 있었다. 그래서 어려운 학생들을 만나면 어떻게 도울 수 있는 방법이 없을까 생각하게 된다.

요즘 한국에서 인기가 많은 안철수 교수가 자신의 재산 가운데 절반인 1,700억 원을 사회에 기부하면서, 이 돈이 저소득층 자녀에게 교육의 기회를 주는 데 쓰였으면 좋겠다는 뜻을 밝혔다. 이전에도 서울시장 후보 자리를 양보한 것이라든지, 서울의대를 나와 실력 있는 의사이면서도 컴퓨터 바이러스를 막는 회사를 만들어 기업가로 변신하고, 나중에는 회사를 맡기고 미국에서 유학을 한 다음 지금은 교수로 일하는 그의 삶의 변화 과정을 보면서 참 멋진 사람이라는 생각을 가졌다.

그런데 재산의 절반을 가난한 자들을 위해 기부하는 것을 보고 진짜 멋지다는 생각을 하게 되었다. 그것이 정치적인 결정이든 아니든 상관없이, 그저 말뿐이고 조그만 이익 앞에 서로 싸우는 정치인들과는 다르게, 그는 실천하는 지성인이라는 점이 마음에 든다. 자신은 가난하게 자라지 않았어도, 저소득층 부모를 가진 학생들에게 균등한 공부의 기회를 주고자 하는 마음을 가진 것은 얼마나 귀한 일인가? 그는 기자들과 만나 "단지 오래전부터 생각해 온 것을 실행에 옮긴 것이다", "강의나 책을 통해 사회적 책임을 말해 왔는데, 그것을 행동에 옮긴 것이다"라고 딱 두 마디만 했다.

정치권 인사 중 상당수는 그의 결정에 대해, 말만 쏟아내고 실천이 없는 여의도 정치권을 '졸렬하게' 만들어 버렸다는 반응을 내놓고 있다. 안 교수의 선행은 CSV(Creating Shared Value) '공유가치 창출'의 관점에서 해석할 수 있다. CSV는 기업이 수익을 내면서도 환경, 빈곤, 양극화 등 다양한 사회적 문제도 함께 해결해 자본주의의 근본적 갈등을 해소하고, 기업의 지속 가능성을 확보하자는 새로운 경영학 개념이다. 안 교수는 "기업이 존재하는 것은 함께 살아가는 사회에 기여하는 존재가 되어야 한다는, 보다 큰 차원의 가치도 포함한다고 믿어 왔다" 하면서 이번 사회 환원이 CSV의 일환이라는 점을 시사했다.

부익부 빈익빈은 하나님의 뜻이 아니다. 가진 자는 베풀고 나누어야 하고, 기업은 번 돈을 사회에 어느 만큼 돌려주어야 한다. 안철수 교수뿐만 아니라 이름을 밝히지 않은 아름다운 기부자들이 점점 많아지는 것이, 한국의 미래는 밝고 살맛 나는 세상을 만들어 가는 바른길임을 믿는다.

게으름과 부지런함

종업원에게 어떤 일을 시켜 보면 일을 대충 하고 나머지 시간을 노는 사람이 있다. 나중에 가 보면 깔끔하지가 않아서 뭔가 내 손이 또 가야 한다. 게으른 사람은 지금 해야 할 일을 다음으로 미룬다. 그러다가 막상 시간이 부족하여 급하게 하거나 대충 하게 된다.

어떤 주부는 밥하기가 귀찮아서 밥을 한 번에 많이 지어 놓는다. 그러면 며칠 동안 신선하지 않은 밥을 먹어야 한다. 나는 청소 등 몸으로 하는 일은 비교적 미루지 않고 빨리 하는 편인데, 복잡한 서류를 검토한다든지 머리를 써야 하는 일은 자꾸 뒤로 미루는 경향이 있다. 그러다가 서류를 어디에 두었는지 찾지 못해서 시한을 넘겨 버리기도 한다.

반면에 매사에 부지런한 사람이 있다. 아침 일찍 일어나서 먼저 해야 할 일부터 미루지 않고 하는 사람이다. 그들은 대체적으로 인생을 성공적으로 산다.

작고한 정주영 회장은 항상 새벽 4시면 일어났다고 한다. 좋은 글을 쓰는 사람들은 새벽 시간에 주로 원고를 작성한다. 훌륭한 믿음의 사람도 새벽을 깨우는 사람이다.

그렇다고 새벽에 일어나서 하루 종일 쉬지 않고 일해야 하는 것은 아니다. 영국 수상 처칠은 아무리 바빠도 낮잠을 꼭 잤다고 한다. 그러고 나서 밤 2시까지 일하므로 자기는 남들과 비교해 하루 반을 일한다고 했다.

예수님은 달란트 비유에서 일하지 않는 사람을 악하고 게으른 종이라고 책망하셨다(마 25:14-26). 게으른 것은 악한 것과 같다.

니카라과나 아이티 같은 가난한 나라는 일하고 싶어도 일자리가 없어서 못한다. 그래서 옥수수 가루 부친 것으로 아침 식사를 하고, 하루 종일 할 일이 없어서 놀다가 저녁에 아무 반찬도 없이 소금 뿌린 밥을 먹고 자는 사람들이 많다고 한다. 빈 땅이 많아 보이는데 왜 농사를 짓지 않는가 물었더니, 농사를 힘써 지어 놓으면 추수 때에 남들이 다 훔쳐가니 아예 농사 지을 생각을 안 한다고 한다.

게으르고 악하다는 말이 맞다. 부지런한 사람이 잘사는 사회는 바른 사회이다. 일할 맛이 있는 사회이다. 최선을 다해서 열심히 일하는 사람이 대접을 받는 사회는 공정한 사회요, 살맛 나는 세상이다.

교회도 마찬가지이다. 하나님의 일을 겸손하고 정직하게 그리고 열심히 하는 사람들이 대접을 받고 기쁨의 열매를 누릴 것이다. 그러나 부지런함이나 게으름이 지나치면 안 된다. 과로해서 건강을 해치는 사람도 있고, 게을러 운동을 안 해서 건강을 지키지 못하는 사람도 있다.

하나님은 게으른 자를 외면하시고 부지런한 자를 축복하신다. 우리가 매사에 부지런함으로 서로 도우면 살맛 나는 세상을 만들어 갈 수 있을 것이다.

별에게 묻는다

1판 1쇄 인쇄 _ 2021년 5월 20일
1판 1쇄 발행 _ 2021년 5월 25일

지은이 _ 조의석
펴낸이 _ 이형규
펴낸곳 _ 쿰란출판사

주소 _ 서울특별시 종로구 이화장길 6
편집부 _ 745-1007, 745-1301~2, 747-1212, 743-1300
영업부 _ 747-1004, FAX 745-8490
본사평생전화번호 _ 0502-756-1004
홈페이지 _ http://www.qumran.co.kr
E-mail _ qrbooks@daum.net / qrbooks@gmail.com
한글인터넷주소 _ 쿰란, 쿰란출판사
페이스북 _ www.facebook.com/qumranpeople
인스타그램 _ www.instagram.com/qrbooks
등록 _ 제1-670호(1988.2.27)
책임교열 _ 최진희·신영미

ⓒ 조의석 2021 ISBN 979-11-6143-549-7 93230

책값은 뒤표지에 있습니다.
이 출판물은 저작권법에 의해 보호를 받는 저작물이므로 무단 복제할 수 없습니다.
파본(破本)은 구입처에서 교환해 드립니다.